公式レシピBOOK

きのう何食べた？

シロさんの簡単レシピ

合本版

KODANSHA

※本書は、2019年発行『公式ガイド＆レシピ　きのう何食べた？～シロさんの簡単レシピ～』と、2021年発行『公式ガイド＆レシピ　きのう何食べた？　～シロさんの簡単レシピ２～』を一冊にまとめたものです。エピソードごとにページ展開しているため、料理ジャンルは、メイン料理を基準にして分けています。

contents

目次

洋食

和食

★は、本書初収録の料理レシピです。

contents

★は、本書初収録の料理レシピです。

シロさんの簡単レシピ

Western Food

洋食

ホウレン草入りのラザニヤ

まずはトマトソース作り。
ニンニク、セロリ、玉ネギ、
ニンジンをみじん切りにする。
鍋にサラダ油をひき、みじん切りにした材料をよく炒めたら、
豚ひき肉を入れてさらに炒める。
そこにトマトの水煮を入れて手早く崩す。
トマトが煮崩れたら、缶の3分の2ぐらいの水、
コンソメキューブと砂糖、ハーブを入れ、塩、コショウで味を調える。

煮込んでいる間に、別の小鍋でホワイトソースを作る。
バターを溶かしたら小麦粉を入れて中弱火で炒める。
粉っぽさがなくなったら牛乳を少しずつ加えて
とろみがつくまでかき混ぜながら煮る。
最後に塩、コショウしたら出来上がり。

ホウレン草は塩少々（分量外）を入れた湯で茹で、
水気を切ってざく切りに。ラザニヤは、油と塩を入れた熱湯で茹でる。
（ラザニヤはくっつきやすいので要注意）
耐熱皿にトマトソース4分の1を塗ったら、
ラザニヤ2枚、ホワイトソース4分の1、
ホウレン草3分の1、ピザ用チーズ、トマトソース4分の1、
パルメザンチーズの順に重ねていく。
これを2回繰り返して3層にする。
200℃に熱したオーブンで、焦げ目がつく程度に焼けば完成。

● 材料〈2人分〉

ホウレン草……1束
ラザニヤ……6枚
ピザ用チーズ……適量
パルメザンチーズ……適量
サラダ油……少々
塩……大さじ1

〈ホワイトソース〉
バター……30g
小麦粉……大さじ2
牛乳……300cc
塩……少々
コショウ……少々

〈トマトソース〉
セロリ……1本
玉ネギ……1個
ニンジン……½本
豚ひき肉……120g
（合びきでも牛ひき肉でもOK）
トマトの水煮……1缶
コンソメキューブ……2個
砂糖……少々
ハーブ（ローリエ、バジル、オレガノ）……適量
ニンニク……1片
塩……少々
コショウ……少々
サラダ油……少々

原作でふり返る料理エピソード

二人のクリスマスは、ケンジのリクエストで毎年恒例のメニュー。実は、シロさんが初めてケンジに作ってくれた思い出の味。手間のかかるラザニヤは、彼のレパートリーの中で、一番のごちそうだったはず。いつもは食材の値段やカロリーに厳しいシロさんも、この日だけは気にしません!
（2巻・#9）

鶏肉の香草パン粉焼き

● 材料〈2人分〉

鶏モモ肉……1枚
パン粉……大さじ3
パルメザンチーズ……大さじ2
オレガノ……少々
バジル……少々
オリーブオイル……大さじ2
ニンニク……1片
塩……小さじ1
コショウ……少々

ボウルにパン粉、パルメザンチーズ、
ニンニクのみじん切り、
塩、コショウ、
オレガノとバジル、
オリーブオイルを混ぜ合わせる。
鶏モモ肉を4等分に切って、耐熱皿に並べ、
その上に、混ぜ合わせた香草パン粉をのせる。
200℃のオーブンで17～18分焼いて
出来上がり。

※多少冷めてもおいしい。

塩は2人分で小さじ1程度。
〝しょっぱいけれどウマイ〟
くらいの塩加減に。

シロさんの
One Point

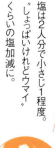

ツナサラダ

キュウリは縦半分に切って、薄切りに。
セロリの茎も薄切りにしておく。
ボウルに、ニンニクのみじん切り、
ツナ（油ごと）、砂糖、ドレッシングビネガー、
塩、黒コショウを入れ、混ぜ合わせる。
そこに、ちぎったレタスと、
キュウリとセロリを入れて和える。

● 材料〈2人分〉

キュウリ……1本
セロリの茎……1本
レタス……¼個
ツナ……½缶
ニンニク……¼片
砂糖……大さじ1
ドレッシングビネガー（市販のもの）……大さじ2
塩……小さじ½
黒コショウ……少々

明太子サワークリームディップ

明太子をほぐして、サワークリームと
混ぜ合わせるだけ。
バゲットに塗っていただく。

● 材料〈2人分〉

サワークリーム……100g
明太子……1腹

アクアパッツァ

キンキは水気をよく拭いて、両面に塩をふる。
（内臓は抜く、うろこがついている場合は取るなどの下処理が必要）
イタリアンパセリは葉を摘み、別皿に取っておく。
鍋にキンキ、つぶしたニンニク、イタリアンパセリの茎、
黒コショウを入れる。
そこに、白ワイン、オリーブオイル、水を入れて
火にかける。
煮立ったらあさりを加えて中火で10分、
ミニトマトを入れてさらに5分煮る。
仕上げにイタリアンパセリの葉を散らす。

● 材料〈4人分〉

キンキ……1尾
あさり（殻付き）……350g
ミニトマト……20個
ニンニク……2片
イタリアンパセリ（パセリでも可）……4本
塩……小さじ4
黒コショウ（粒）……10粒
白ワイン……150cc
オリーブオイル……120cc
水……300cc

リゾット

ごはんをザルに入れてさっと洗い、ぬめりを取る。
アクアパッツァの煮汁にごはんを入れ、軽く煮立たせる。

● 材料〈4人分〉

ごはん……2膳分

鯛、スズキ、イサキ、キンメダイなど白身魚ならだいたいなんでもOK！ 切り身なら1人前から作れます。

佳代子さんの
One Point

原作でふり返る料理エピソード

ある日、小日向家の冷蔵庫が故障。中身をシロさんの冷蔵庫に避難させようとするが収まりきらず、料理して消費することに。助っ人の佳代子が食材をチェックし、メニュー決定。簡単なのにおいしいおもてなし料理に、４人は感激。（9 巻・＃66）

なんちゃってローストビーフ

醤油、酒、水の順に計量カップで計りながら鍋に入れて、
ニンニクもスライスして加え、火にかける。
沸騰してきたら肉を入れ、1分45秒加熱。
別の面を下にして同じく1分45秒。これを繰り返して、
全ての面を加熱したら、火を止めて菜箸を刺してみる。
ちょっと抵抗があるけど刺さるくらいがちょうどよい。
肉を深めのタッパーに移し、煮汁をもう一度煮立たせて、
粗熱が取れたところで肉を入れたタッパーに注いで、
翌日まで冷蔵庫で肉を落ち着かせる。当日に食べたい場合は、
まず冷凍庫で1時間くらい冷やしてから冷蔵庫に入れる。

● 材料〈4人分〉

牛かたまり肉……600g
〈調味料〉
醤油……180cc
酒……200cc
水……200cc
ニンニク……大1片

ゴージャス グリーンサラダ

レタスはひと口大にちぎって、
ベビーリーフと一緒に洗ってザルに上げて水気を切る。
紫玉ネギは繊維と垂直に薄切りにしてから水にさらしておく。
アスパラは長さを４等分にして塩（分量外）を入れた熱湯に入れ、
色が冴えたらさっと取り出して冷水で色止めする。
インゲンは長さを３等分にして、同じ熱湯で１分半茹で、
冷水で色止めする。
キュウリは皮を縞目にむき、太めの輪切りにする。
水にさらした紫玉ネギをザルに上げて、水気を切る。
ドレッシングはアンチョビペーストと粒マスタードをたっぷり入れ、
酢、オリーブオイル、塩、砂糖、コショウで味を調えて、
食べる直前にかける。

● 材料〈４人分〉

レタス……２〜３枚
ベビーリーフ……１パック
紫玉ネギ……½個
アスパラ……１束
インゲン……½袋
キュウリ……１本

〈ドレッシング〉
アンチョビペースト……適量
粒マスタード……適量
酢……適量
オリーブオイル……適量
塩……少々
砂糖……少々
コショウ……少々

冷凍していない肉で、食べる前日に作るのがベター。調理後、完全に冷やすと薄く切りやすく、食べやすい。

佳代子さんの
One Point

ドライカレー

● 材料〈2人分〉

合びき肉……400ｇ
ピーマン……4個
ニンジン……小1本
玉ネギ……大1½個
ショウガ……1片
ニンニク……1片
カレールウ……3ブロック
ケチャップ……大さじ1
ウスターソース……大さじ1
水……200cc
塩……適量
コショウ……適量
卵（目玉焼き）……2個
サラダ油……少々
黒米入り雑穀米……2膳分

まずニンジン、ショウガ、ニンニク、玉ネギをフードプロセッサーでみじん切りにして、サラダ油で炒める。
野菜に火が通って玉ネギが透明になったら、合びき肉を入れる。
軽く塩、コショウをしたら市販のカレールウを入れて、
さらに水を入れる。
ルウをよく溶かし、ケチャップとウスターソースを入れ、
ある程度水気が飛ぶまで煮る。
最後にピーマンのみじん切りを加え、
水気が完全に飛んだらドライカレーの具が出来上がり。
ごはん（黒米入り雑穀米）を皿に盛り、カレーの具をのっけて、
さらに半熟目玉焼きをのせる。

ドライカレーの具には、
サイコロに切って揚げるか炒めるかした
ナスを入れてもおいしい。
また、冷凍した具を温め返すときに
上にとろけるチーズをのせてもおいしい。

ケンジの
One Point

原作でふり返る
料理エピソード

ある土曜日、ドライカレーを作ることにしたケンジ。野菜がたくさん摂れて、冷凍も手軽にできるとあって、これまでドライカレーにあまり縁のなかったシロさんも好反応。シロさんにドライカレーのよさが伝わって、ケンジは大喜び。（16巻・#124）

夏野菜カレー

玉ネギを薄切りにして、サラダ油で強火で炒める。
玉ネギがぺちゃんこになってきたところで、
火を中弱火に落としてさらに玉ネギがあめ色になるまで炒めていく。
玉ネギを炒めている間に、ほかの野菜も切っていく。
ナスは輪切り、インゲンは半分に、パプリカは縦切りに。
玉ネギがあめ色になったら、
みじん切りにしたニンニクとショウガを入れて、
さらに豚ひき肉を入れて、ひき肉がポロポロになるまでよく炒める。
ひき肉から脂が充分出たところで、ナスとインゲン、パプリカを入れる。
野菜にざっと油がまわったら、水を入れる。
ローレルやウスターソース、カレー粉、味噌、
はちみつなどを加える。
ナスの白い実の部分が透明になったら、カレールウを入れ、
斜めに切ったオクラを加えて、さらに軽く煮込む。

● 材料〈5皿分〉

玉ネギ……3個	水……700cc
ナス……5～6本	カレールウ……5皿分
インゲン……2袋	ローレル……1枚
赤パプリカ……1個	ウスターソース……適量
黄パプリカ……1個	カレー粉……適量
オクラ……2袋	味噌……適量
豚ひき肉……200g	はちみつ……適量
ニンニク……1片	サラダ油……適量
ショウガ……1片	

玉ネギ炒めは、かき混ぜすぎず、弱火にしすぎないのがポイント。しばらくほったらかしにしたら、鍋の焦げをこそげ取るようにして混ぜ返す……を繰り返す感じ。もちろん、完全に焦がしてはいけない。

シロさんの
One Point

原作でふり返る料理エピソード

シロさん行きつけのスーパー、ニュータカラヤの美人オバサン店員は、レジ作業は速いものの不愛想。彼女とやりとりをするたび、なんだか負けたような気分になるシロさん。夏野菜カレーを食べながら、ケンジに思わずボヤく。(5巻・＃35)

アボカドとトマトのわさび醤油和え

わさびに醤油、レモン汁、
砂糖をよく合わせておく。
ひと口大に切ったアボカド、トマトと
ざっと和えて器に盛り、
上にかつおぶしをのせる。

● 材料〈2人分〉

アボカド……1個
トマト……1個
おろしわさび（チューブ）……5㎝
醤油……適量
レモン汁……適量
砂糖……少々
かつおぶし……適量

デミグラスソースの
オムライス

● 材料〈1～2人分〉

玉ネギ……1個
鶏モモ肉……1枚
オリーブオイル……適量
ごはん……2膳分
コンソメ顆粒……適量
ケチャップ……たっぷり
塩……適量
コショウ……適量
卵……3個
マヨネーズ……少々
牛乳……少々
バター……2かけ

デミグラスソース……適量

玉ネギは粗くみじん切りにし、鶏モモ肉はこま切れにする。
玉ネギと鶏肉をオリーブオイルで炒めて、
鶏肉に火が通ったらごはんを投入。
コンソメ顆粒、ケチャップ、塩とコショウ少々で味付け。
できあがったチキンライスの半量を皿に盛る。
ボウルなどに卵を割り入れ、マヨネーズと牛乳、塩、
コショウを加えて混ぜる。
フライパンにバターを入れて卵液を流し入れ、
半熟のところでオムレツをチキンライスにのっける。
作っておいたデミグラスソースをたっぷりかけて完成。
残った半量のチキンライスは、タッパーなどに入れて冷凍保存。

ケンジの
デミグラスソース

市販の「ハヤシライス」のルウを使って、表記通りの材料に、玉ねぎを多め、ニンジンとしめじをお好みで追加して煮たもの。

余ったら冷凍しておけるので便利。

原作でふり返る料理エピソード

大きな仕事が入り忙しくなってしまったシロさんに代わり、夕飯係を引き受けたケンジ。だが一緒に夕飯を食べられない日々が2週間も続き、ケンジの寂しさも鬱積。気晴らしにと自分の好きな物を作る。絶妙なタイミングでいったん帰宅したシロさんと、久しぶりに一緒の夕食で、お互いに元気回復!（7巻・＃56）

コールスロー

キャベツ、ニンジンを千切りにする。
味付けはドレッシングビネガーとマヨネーズ、
それに砂糖を入れてザッとひと混ぜして。
30分ほど置き、キャベツがペシャンコになったら
塩、コショウで味を調えて出来上がり。

● 材料〈作りやすい分量〉

キャベツ……1個　ニンジン……1本
ドレッシングビネガー（市販のもの）……適量
マヨネーズ……適量　砂糖……適量
塩……適量　コショウ……適量

原作でふり返る料理エピソード

佳代子の家で、3個200円の特売だったキャベツの余分1個を使ってコールスローを作ったシロさん。思わぬ長居で夕食作りの時間がなくなったため、鶏肉と野菜を炒めてトマト缶で煮込む“テキトーおかず”と春を感じる豆ごはん、コールスローという献立に。（5巻・#33）

鶏肉のトマト煮込み

ニンニクは粗みじん、玉ネギは薄いくし形に切る。
鶏モモ肉は8等分に切って、軽く塩、コショウしておく。
フライパンで油をひかずに鶏肉を焼く。
皮目から入れて両面をこんがり焼いたら、いったん取り出し、
鶏の脂の出たフライパンに玉ネギとニンニクを入れて、
しんなりするまで炒める。
しめじ（などの残り野菜）を入れ、
全体的にくったりしたところで、トマトの水煮を投入。
（残りは保存容器に取っておきましょう）
トマトの空き缶で1缶分の水をフライパンに加える。
そこにコンソメキューブを入れてくつくつ煮る。
フライパンに鶏肉を戻し、
ピザ用チーズを加えて黒コショウをふり、
お好みでバジルとオレガノを入れて出来上がり。

● 材料〈2人分〉

鶏モモ肉……1枚
玉ネギ……1個
しめじなど（残り野菜でOK）……適量
トマトの水煮……½缶
コンソメキューブ……1個
ピザ用チーズ……適量
ニンニク……½片
塩……少々
コショウ……少々
黒コショウ……少々

※バジル、オレガノはお好みで。
入れなくてもおいしく出来ます。

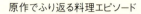

豆ごはん

米を研ぎ、分量どおりに水を入れる。
そこから、おたま１杯分の水を減らし、
その分、酒を入れて塩で味付け。
さやから出したグリンピースを100ｇほど入れ、炊飯ボタンを押す。

● 材料〈2人分〉

米…… ２合
グリンピース……100ｇ
酒…… おたま１
塩……小さじ１

シロさんの
One Point

スーパーで販売している、さや付きのもの
なら2パックくらい。さや付き200gが、
むき豆およそ100gに相当します。

ナポリタン

大きめの鍋にたっぷりの水と、
パスタに薄い塩味が付くくらいの塩（分量外）を入れて火にかける。
沸騰を待つ間に、材料を切る。
玉ネギをくし形に、ピーマンは半割りにしてから2センチ幅に。
ベーコンは5ミリ幅、ニンニクはみじん切りにしておく。
お湯が沸騰したら、パスタを投入。
（茹で時間は、表示時間より1～2分程度短く）
フライパンにオリーブオイルをひき、ベーコンの脂が出るまでじっくり炒める。
その後、ニンニクを入れて、ニンニクの香りが立ってきたら、
玉ネギ、ピーマンを入れてざっと炒めておく。
一度、火を止め、パスタをザルにあげる。
パスタをフライパンに入れ、再び火をつける。
ここにケチャップとウスターソースを少々、そしてめんつゆをたらり。
最後はコショウで味付けする。

● 材料〈1人分〉

パスタ……100g
玉ネギ……½個
ピーマン……小2個
ベーコン……1枚半
ニンニク……½片
ケチャップ……適量
ウスターソース……少々
めんつゆ……少々
オリーブオイル……少々
コショウ……少々

ウスターソースの代わりに、
コンソメ顆粒などを
適当にちょい入れしてもおいしい。

シロさんの
One Point

原作でふり返る 料理エピソード

シロさんの一人夕ごはんのメニューは、ケチャップを使い切りたかったことを思い出し、ナポリタンに決定。ナポリタンの玉ネギは、少しシャキッとしているのがシロさんの好み。また自分で作ると、具だくさんにできるのもいいところ。付け合わせは前日の残り物、切り干し大根の煮つけ。（4巻・#32）

きのことツナとカブの葉の和風パスタ

● 材料〈2人分〉

パスタ……200g
しめじ……1パック
しいたけ……1パック
カブの葉・茎……3個分
ツナ……1缶
牛乳……少々
ニンニク……½片
めんつゆ……適量
黒コショウ……少々
オリーブオイル……少々

大きな鍋に塩（分量外）を多めに入れて、たっぷり湯を沸かす。
フライパンにオリーブオイルとニンニクのみじん切りを入れておく。
しめじは石づきを落としてほぐし、しいたけは軸を落として薄切りに。
カブの葉と茎の部分は2センチ幅に切っておく。
パスタを沸騰した鍋に投入。
（茹で時間は、表示時間より1～2分程度短く）
フライパンを火にかけ、ニンニクの香りが立ってきたら、
カブの葉と茎を入れてよく炒める。
しめじとしいたけ、ツナを油ごと入れる。
味付けは、めんつゆのみ。
黒コショウをふり、最後に牛乳を少し注ぎ入れたら、火を止めておく。
茹で上がったパスタをフライパンに入れ、ソースとよくからめる。
ソースの汁気がなくなるまで、パスタに火を通したら出来上がり。

原作でふり返る料理エピソード

味付けはめんつゆのみで、最後に牛乳を少し入れるのがポイント。きのことツナをたっぷり使ったパスタは色みが地味なので、カブのサラダで使わなかった茎と葉を入れて彩りよく。パスタを茹でる間にソースを作ったり、食卓の準備をしたりしておけば、出来立てをすぐ食べられる。（5巻・#37）

● 材料〈2人分〉

ベーコン……4枚
玉ネギ……大1個
ニンニク……1片
ニンジン……1本
セロリの葉……1束分
ジャガイモ……小2個
キャベツ……⅙〜¼個
トマト……2個
コンソメキューブ……2個
ローレル……1枚
塩……少々
黒コショウ……適量
バジル……適量
オレガノ……適量

カブのサラダ

カブの茎を切り落として皮をむき、縦半分に切ってから、4〜5ミリの厚さにカットする。

塩をまぶして5分ほど置き、軽く下味をつけておく。

小さめのボウルにレモン汁、醤油、おろしわさび、オリーブオイルを入れて混ぜ、ドレッシングを作る。

カブと和えたら、完成。

● 材料〈2人分〉

カブ……3個
塩……小さじ½

〈ドレッシング〉
レモン汁……少々
醤油……少々
おろしわさび（チューブ）……少々
オリーブオイル……少々

ミネストローネ

ベーコンを細切りにして鍋に入れ、弱火でじっくり脂が出るまで炒める。

そこに、１センチ角に切った玉ネギを入れ、ザッと炒めたら蓋をする。

ニンニクは粗みじん、ニンジンは７～８ミリ角のサイコロ状に切る。

セロリの葉は５ミリ幅くらいにきざむ。

切ったものを鍋に加えて炒め、蓋をして火は中弱火に。（蓋をしておくと野菜から水分がかなり出てくる）

次に、ジャガイモをニンジンよりも大きめに切り、鍋に入れる。

キャベツは小さめのざく切りに。切ったものをまた鍋に投入。

最後に、ざく切りにしたトマトを入れ、トマトの形がなくなるまで炒める。

コンソメキューブと、１リットルほどの水を鍋に入れる。

香り付けにローレルを入れる。最初は強火にかけ、煮立ってきたら弱火にしてアクをすくいながら、30～40分煮込むだけ。

塩で味を調えたら、黒コショウ、バジル、オレガノをたっぷり加えて。

千切りポテトの
ハムチーズパンケーキ

● 材料〈2人分〉

ジャガイモ……2個
ハム……3枚
溶けるチーズ（シュレッド
チーズタイプ）……50g
バター……10g
塩……少々
コショウ……少々
黒コショウ……適宜

ジャガイモは千切りにして、水にさらさずに塩、コショウをかけて、混ぜておく。
直径18センチくらいの小さいフライパンにバターを入れて中火にかけたら、
半量のジャガイモを入れて、その上にハムを広げてのせ、
さらにその上に溶けるチーズをばらばら散らしたら、
残りのジャガイモを上にのせる。
中弱火で生地を押しつけながら、
ジャガイモが透き通ってくるまで7〜8分焼く。
こんがり焼けたらひっくり返して、裏面も7〜8分焼く。
お好みで黒コショウをひいてもおいしい。

バターはサラダ油より焦げやすいので、火は弱めに。ひっくり返す時は、いったんお皿に取るとラクです。

シロさんの
One Point

原作でふり返る料理エピソード

時間に余裕がある時のちょっと素敵な朝ごはんとして、シロさんが作ったのがこちらのメニュー。材料はジャガイモ、ハム、チーズといたって普通なのになんだか贅沢感が漂うメニューに、カフェオレを合わせて。ちなみにジャガイモをスライスするのに使ったスライサーは、このメニューを食べたかったケンジからシロさんへのプレゼントだったよう。（9巻・オマケ）

BEER
SINCE 1874
Basahi
お酒《さけ》

MALT
CH BEER

肉団子

玉ネギをみじん切りにする。
ボウルに玉ネギ、豚ひき肉、パン粉、卵、塩、
コショウを入れてよくこねる。
タネを丸めて、直径 2 センチくらいの団子にする。
あらかじめバットに小麦粉を敷いておき、
その中に肉団子を入れ、
バットをゆり動かして小麦粉をまぶしつける。
180℃のサラダ油でキツネ色になるまで肉団子を揚げたら、
揚げ油をオイルポットに全部あけて、同じ鍋に肉団子を戻す。
そこに水、ケチャップ、めんつゆを加えて火にかける。
とろみがついて汁が肉団子によくからんだら出来上がり。

● 材料〈約40個分〉

豚ひき肉……500g
玉ネギ……1 個
パン粉……50cc
卵……1 個
塩……ほんの少々
コショウ……少々
小麦粉……適量
水……100cc
ケチャップ……50cc
めんつゆ……40cc
サラダ油……適量

熱々より冷まして食べたほうがおいしいおかず。3～4日は日持ちするので、作り置きに向いている。

シロさんの
One Point

原作でふり返る料理エピソード

シロさんをお花見に誘ったケンジは、あっさり OK されて驚く。そんな平和な日々の中、シロさんは母からガンの精密検査を受けることになったという連絡を受けた。何か聞いておきたいことはないかと母に聞かれ、シロさんは肉団子や梅おかかのおにぎりの作り方を尋ねる。（9 巻・＃72）

スパニッシュオムレツ

玉ネギをみじん切りにする。
赤ピーマン、ハムを１センチ角くらいにきざみ、
最後にジャガイモも薄切りにしてから１センチ角に切っていく。
切った全ての材料を直径18センチくらいの
小さいフライパンに入れたら、オリーブオイルを加えて、
かき回さずに弱火でゆっくり加熱する。
その間に、大きめのボウルに卵を溶き、塩、コショウ、
あれば粉チーズを加えてよく混ぜる。
ジャガイモがやわらかくなるくらい火が通ったら、
コンソメ顆粒または鶏ガラスープの素を入れる。
火の通った具材をボウルに入れて卵液と混ぜたら、
同じフライパンに全てを流し入れて、
蓋をして弱火で6～7分ほど焼く。
片面がこんがり焼けたら、
ヘラをふちから回し入れて、一度、皿にすべらせて移し、
上下をひっくり返してフライパンに戻す。
弱火にかけて3分ほど。両面がこんがり焼けたら完成。

オリーブオイルたっぷり
なのが、おいしさのモト。

シロさんの
One Point

● 材料〈3～4人分〉

卵……4個
玉ネギ……½個
赤ピーマン……½個
ハム……3～4枚
ジャガイモ……1個
オリーブオイル……大さじ5
塩……少々
コショウ……少々
粉チーズ……少々
※なくてもOK。お好みで。
コンソメ顆粒
または鶏ガラスープの素……小さじ1

クレープ

● 材料〈2人分〉

小麦粉……100g
卵……2個
牛乳……250cc
バター……30g
砂糖……20g

バターを小鍋に入れ弱火で溶かして、全体が溶けたら火を止めておく。
ボウルに小麦粉と砂糖を入れて、ザルでふるう。
全部ふるったら、もう一度ふるう。
(この工程を疎《おろそ》かにすると、生地にダマができる)
ふるい終わった粉の真ん中にくぼみを作る。
別のボウルに卵を割り、溶きほぐして、粉のくぼみに流す。
泡立て器で、粉と卵を混ぜ合わせる。
牛乳を少しずつ加えてさらに混ぜる。
最後に溶かしバターを少しずつ加えて、さらに混ぜる。
この生地を、粉をふるったザルで濾《こ》し、
ラップをかけて冷蔵庫で30分以上休ませ、生地の仕込みは完了。

直径18センチほどの小ぶりのフライパンを火にかける。
クレープ生地は、小さめのおたまに八分目くらいを流し入れる。
火は中火と弱火の間くらい。
(フッ素樹脂加工のフライパンなら、油は不要)
フライパンを回しながら、生地を薄く広げる。
生地のふちがキツネ色に色づいてきたら、
ふちの周りをヘラでぐるっと一周し、はがしながらひっくり返し、
軽く焼いたら出来上がり。
生地がなくなるまで繰り返す。

おかずクレープの具

玉ネギは薄切りにして
塩をふっておく。
トマト、キュウリは薄切り、
レタスは適当にちぎっておく。
玉ネギがしんなりしてきたら、
水で洗ってギュッと水気をしぼる。
それをボウルに移し、
油を切ったツナと合わせて、
マヨネーズと醤油、
コショウで味をつける。
フライパンに油（分量外）を
ひいて火にかけ、
ハムを敷いて卵を割り入れ、
半熟のハムエッグを作る。

● 材料〈2人分〉

トマト……1個
キュウリ……1本
レタス……適量

〈ハムエッグ〉
卵……2個
ハム……2枚

〈ツナマヨ〉
玉ネギ……¼個
ツナ……½缶
マヨネーズ……少々
醤油……少々
塩……少々
コショウ……少々

原作でふり返る料理エピソード

夏休みの初日。遅く起きたシロさんが、ブランチにと作り始めたのはクレープ。クレープ生地は、ベースとなる小麦粉と砂糖を合わせて、2回ちゃんとふるうのが大事。具はしょっぱい系と甘い系、たくさん準備しておき、各々で組み合わせをあれこれアレンジしてクレープを満喫。（3巻・#24）

おやつクレープの具

包丁で板チョコをきざんで耐熱容器に入れ、
牛乳を注ぎ、電子レンジで1分温める。
よく混ぜて、チョコレートが溶けたら
ソースの出来上がり。

バナナは薄くななめ切りし、
レモン汁をかけて色が変わるのを防ぐ。
プレーンヨーグルトとはちみつをそれぞれ器に入れる。
ボウルに生クリームを入れ、
砂糖を加えて、泡立てる。
角が立ってきたら器に移す。

● 材料〈2人分〉

バナナ……1本
レモン汁……少々
プレーンヨーグルト……適量
はちみつ……適量

〈チョコレートソース〉
板チョコ……50g
牛乳……40cc

〈ホイップクリーム〉
生クリーム……100cc
砂糖……少々

知っておくと便利!!
超かんたん
副菜レシピ

カブの酢のもの

カブは半月の薄切りにして、
昆布茶をかけて混ぜておく。
しんなりしたカブから水気が出ているので、
この水を捨てる。
味を残したいのでしぼらない。
酢と砂糖、醤油を入れて和えたら出来上がり。

● 材料〈作りやすい分量〉

カブ……３個
粉末昆布茶……小さじ2
酢……少々
砂糖……少々
醤油……少々

ブロッコリーの土佐ゴマ和え

ブロッコリーを小房に分けて、
塩少々（分量外）を入れた熱湯で茹でる。
固めに茹でたところでザルに空けて、
そのまま余熱で火を通す。
白だしに酢とみりんを足したものに
ブロッコリーをぶっこんで、
すりゴマとかつおぶしで和えて出来上がり。
酢を抜いてもOK。
ゴマ油を少したらしても、おいしい。

● 材料〈作りやすい分量〉

ブロッコリー……小1株
白だし……適量
酢……少々
みりん……少々
すりゴマ……適量
かつおぶし……1パック

キャベツとベーコンの煮びたし

ざく切りしたキャベツ、ベーコン、水、
酒、みりん、白だしを鍋に入れ、
蓋をして弱火で煮る。
ベーコンの塩気があるので、
味付けはうす味の方がおいしい。
器に盛り、黒コショウをひく。

● 材料〈2人分〉

キャベツ……¼個
ベーコン……２枚
水……少量
酒……適量
みりん……少々
白だし……適量
黒コショウ……適量

Japanese Food

和食

トンカツ

ボウルを3つ用意する。
それぞれに小麦粉と卵とパン粉を入れる。
卵は水を少し加えて溶いておく。
豚ヒレ肉を1.5センチ程度の幅（厚め）に切る。
カットした豚ヒレ肉に小麦粉、卵、パン粉の順に衣を付ける。
（塩、コショウはせず、そのまま衣を付けるだけ）

深めのフライパンにたっぷりのサラダ油を熱する。
（パン粉を入れたら、すぐ浮き上がってくるくらいに）
豚肉を入れ、こんがり濃いめのキツネ色になるまで揚げる。
火の通りが心配なら、1～2個菜箸で刺してみて、
血が出ないかを確かめる。

● 材料〈作りやすい分量〉

豚ヒレ肉……900g
小麦粉……適量
卵……1個
パン粉……適量
サラダ油……適量

卵に水を加えれば、1個で肉900グラムぐらいまで衣が付けられる。

久栄の
One Point

● 材料〈作りやすい分量〉

切り干し大根……50g
ニンジン……¼本
油揚げ……1枚
だしパック……1袋
酒……少々
醤油……少々
ゴマ油……少々

原作でふり返る料理エピソード

実家に帰ったシロさんは、母の提案でトンカツを揚げることに。豚肉に塩、コショウをしないことに驚くが、これでひと手間が省けると感心する。帰省するとよく揚げ物が出るのは、老いた両親も二人だけの食事だと揚げ物が面倒で、食べる機会が減っているからだと気づく。（5巻・＃39）

切り干し大根の煮物

切り干し大根をボウルに入れ、具材がひたるくらいの水でもどしておく。

（もどし汁は使うので捨てない！）

水気を切った切り干し大根と千切りにしたニンジン、細切りにした油揚げを、ゴマ油で炒める。そこに、切り干し大根のもどし汁（適量）と、酒、醤油、パックのだしを入れる。

（みりんや砂糖などの甘みは入れず、切り干し大根の甘みだけで調理）

照りが出るまで煮汁を飛ばして完成。

鶏のから揚げ

ボウルに一口大に切った鶏モモ肉を入れ、ショウガとニンニクのすりおろし、塩、コショウを加えて、よく揉み込む。次に酒を入れて揉み込み、醤油を入れてまた揉み込む。さらに、卵を溶いて少しずつ加えながら揉み込んだら、下準備は終了。

鶏肉に片栗粉をふりかけ、よく混ぜる。（片栗粉は揚げる直前に！）

鍋に鶏肉がひたるくらいの油を入れ、火にかける。最初は、少量の衣を入れたら底まで沈むくらいの低温（130℃くらい）で揚げ、3分くらい経ったらいったん取り出す。（まだ白っぽいくらいでよい）

油の温度を上げ、今度は入れた衣がすぐに浮き上がるくらいの高温（190℃くらい）で、キツネ色になるまで（10秒くらい）カリッと揚げて出来上がり。

● 材料〈4人分〉

鶏モモ肉……2枚
卵……1個
片栗粉……適量
ショウガ……適量
ニンニク……適量
酒……大さじ2
醤油……大さじ1
塩……小さじ½
コショウ……少々
サラダ油……適量

調味料は順々に揉み込みながら入れていくと、鶏肉が水気をよく吸い、柔らかくなります！

久栄の
One Point

原作でふり返る
料理エピソード

正月、シロさんはケンジを連れ実家へ。最初は4人でおせちをつまんでいたが、微妙な空気に耐えられず、シロさんと母は「何かあたたかいモノを」と台所に行き、鶏のから揚げとカブの葉のじゃこ炒めなどを作る。カブの葉の炒め物は、シロさんにとって懐かしい味。（7巻・#50）

カブの葉のじゃこ炒め

カブの葉を１センチくらいのざく切りに。
フライパンにゴマ油をひき、じゃこをカリカリに炒める。
そこに、カブの葉を全部入れて、酒とみりんと醤油で味付け。
水気がなくなるまで炒り付ける。
最後に白炒りゴマをふったら出来上がり。

● 材料〈4人分〉

カブの葉……３個分
じゃこ……適量
酒……少々
みりん……少々
醤油……少々
ゴマ油……少々
白炒りゴマ……適量

ブリ大根

大根は幅3センチくらいの輪切りにし、皮をむいて半分に切る。
鍋に入れ、大根がかぶるくらいの水を入れたら、火にかけて下茹でする。
煮立ったら中火にして、少なくとも10分は煮る。
ブリのアラは全体に塩をふって10分ほどおく。
大根とは別の鍋に湯を沸かして、そこにブリを入れる。
ブリの生臭みを取るため、表面の色が変わったらすぐ取り出して、
うろこや血のかたまりを洗い流す。
ブリを茹でた鍋を洗ったら、ショウガの薄切り、酒、砂糖、みりん、
醤油を入れて煮立てて、ブリを入れて中火で10分ほど煮る。
いったんブリを煮汁から取り出し、
その煮汁に水400ccを足して煮立ててから、
水気を切った大根を入れて30分くらい煮る。
こうすると大根に味が染みて、しかもブリがパサパサにならない。
ブリを鍋に戻し入れて、煮汁が少なくなってつやが出るまで、
少し火を強めて煮汁をブリにかけながら煮る。
ブリと大根を器に盛ったら、ショウガの千切りと、
あれば柚子の皮の千切りをのせる。

● 材料〈2人分×2日〉

大根………⅔本
ブリのアラ……約600g
ショウガ……1片
酒……100cc
砂糖……大さじ3
みりん……70cc
醤油……50cc
ショウガ(飾り用)……適量
柚子の皮……適量

原作でふり返る料理エピソード

スーパーで安売りされている食材をチェックし、頭の中でその食材を使ったレシピを考えたうえで買うかどうかを決めるのが、シロさんのルーティン。ある日、ブリの切り身が安売りされているのを目にしたシロさんは、切り身よりさらに安いブリのアラを見つけた。この日は大根も1本100円でゲットでき、夕飯のメインはブリ大根に決定!　平静を装っているものの、内心はかなりの充実感で興奮。そんなふうに安い食材でやりくりする毎日が、シロさんにとってはけっこう楽しいのだった。(2巻・#10)

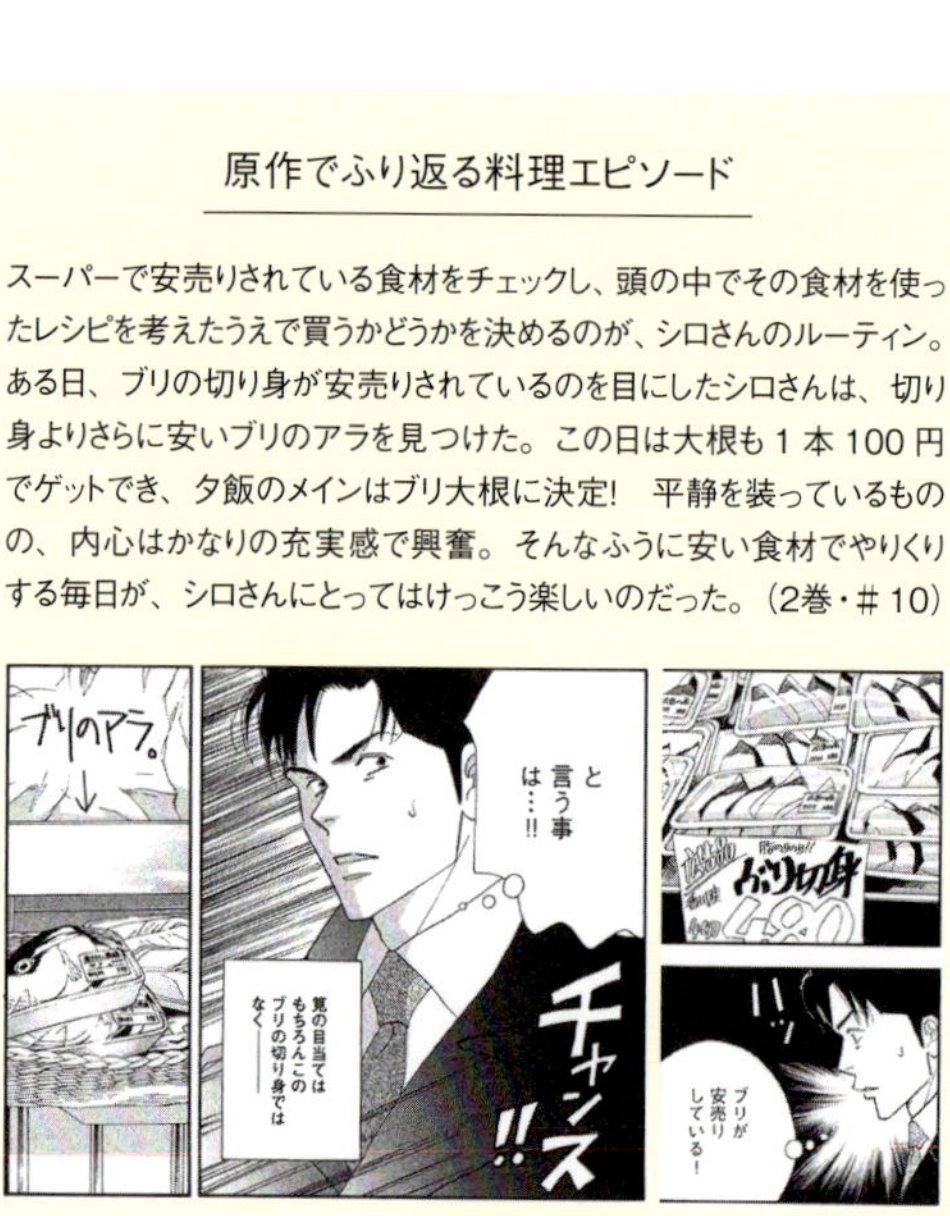

厚揚げの味噌はさみ焼き

厚揚げは、熱湯でさっと油抜きをする。
みじん切りにした長ネギと、かつおぶし、味噌、
酒、みりん、醤油を全部合わせて練る。
厚揚げを横半分に切ったら、
断面の真ん中に包丁を入れ、
そこのポケットにネギ味噌を詰める。
アルミホイルにのせたら、
２００℃のオーブントースターで
10分ほどこんがり焼いて出来上がり。

● 材料〈2人分〉

厚揚げ……1枚
長ネギ……10㎝
かつおぶし……1パック
味噌……小さじ1
酒……少々
みりん……少々
醤油……ひとたらし

三ツ葉入りかきたま汁

三ツ葉は葉を摘み、茎を長さ3cmに切って、
椀に入れておく。卵は溶いておく。
鍋に水と白だしを入れ、火にかける。
片栗粉と水で水溶き片栗粉を作っておき、
沸騰したら水溶き片栗粉を流し入れ、
とろみをつける。
煮立ったところに溶き卵を細く流し入れ、
ひと呼吸おいて全体を混ぜ、火を止める。
三ツ葉が入った椀によそう。

● 材料〈2人分〉

水……400cc
白だし……適量
三ツ葉……スポンジ1個分
卵……1個
片栗粉……小さじ1
（水小さじ2で溶く）

ニラのおひたし

ニラをさっと茹でて、長さ3～4cmに切る。
だしで割った醤油をかける。

● 材料〈2人分〉

ニラ……1束
だし……適量
醤油……適量

だしは、だしの素をお湯少量に溶かしたもので作る。

シロさんの
One Point

かやくごはん

干ししいたけは、前日に水につけてもどしておく。
米は事前に研いで、水にひたしておく。
下茹でしたこんにゃく、ニンジン、たけのこ、油揚げ、
ゴボウをみじん切りにする。
ひたしておいた米の水をいったん全部捨てて、
干ししいたけのもどし汁、酒、白だし、みりんを合わせ
３合分の目盛りまで入れる。
具材を米の上にのせて炊飯する。

● 材料〈6人分〉

米……３合
干ししいたけ……３枚
こんにゃく……⅓枚
ニンジン……⅓本
たけのこ（水煮）……¼本
油揚げ……１枚
ゴボウ………⅓本
酒……適量
白だし……適量
みりん……適量

原作でふり返る料理エピソード

父からお金を貸してほしいと頭を下げられたシロさん。今まで母から送られてきていたカニ缶やホタテ缶、どんこなどはいただきものではなく、母が買ったものだったのだと気づく。そのどんこを使って作ったのは、かやくごはん。夕食を食べながら、シロさんはケンジに両親の話を打ち明ける。（3巻・＃21）

味の加減は、
吸い物より濃いめ。

シロさんの
One Point

肉豆腐

サラダ油で豚バラ肉、
くし形に切った玉ネギを炒めて、
玉ネギに火が通ったらえのきを入れる。
酒とめんつゆ、みりんで味付けをし、
最後に豆腐を入れて火が通ったら完成。
水気は豆腐から勝手に出てくるので、
足さなくて OK。
仕上げに七味をふる。

● 材料〈2人分〉

豚バラ肉(薄切り)……100g
玉ネギ……1個
えのき……1株
豆腐……1丁
酒……少々
めんつゆ……少々
みりん……少々
七味……適量
サラダ油……適量

キャベツとあさりとベーコンの蒸し煮

● 材料〈2人分×2日〉

春キャベツ……⅓個
あさり（殻付き）……350g
ベーコン……2枚
酒……50cc
水……50cc
バター……2かけ
おろしニンニク……適宜
醤油……少々
黒コショウ……少々

キャベツはざく切り、
ベーコンは1.5センチくらいの幅に切り、
鍋に入れて酒と水を加えて火にかける。
キャベツがある程度煮えたところで
あさりを加え、
バターと、お好みでおろしニンニクを入れて、
鍋に蓋をして蒸す。
あさりの口が全部開いたら、
仕上げに醤油と黒コショウをふる。

貝類は冷凍しても、
加熱すればちゃんと口が開く。

シロさんの
One Point

なめこと三ツ葉の味噌汁

なめこはさっとゆがく。
三ツ葉はきざんで、椀に入れておく。
水を沸かしてなめこを入れ、
だしの素、味噌を加える。
食べる直前に、三ツ葉入りの椀によそう。

● 材料〈2人分×2日〉

なめこ……1袋
三ツ葉……スポンジ1個分
水……400cc
だしの素……少々
味噌……適量

ニラとモヤシのゴマびたし

モヤシは水で洗い、ニラは
長さ3～4センチのざく切りにする。
耐熱ボウルに入れて、
ラップか蓋をして、レンジで3分チンする。
ゴマ油とすりゴマとポン酢醤油をかける。

● 材料〈2人分〉

ニラ……1束
モヤシ……½袋
ゴマ油……適量
すりゴマ……適量
ポン酢醤油……適量

ゴマ油の代わりにラー油でもOK。

シロさんの
One Point

玉ネギたっぷり
豚のショウガ焼き

● 材料〈2人分〉

豚バラ肉（薄切り）……250g
玉ネギ……小2個
キャベツ……½玉
ショウガ……1片
塩……少々
酒……適量
砂糖……小さじ1
醤油……適量
サラダ油……適量

キャベツは千切りにしておく。
豚バラ肉は長さが4等分になるように切って、
塩と酒をまぶしておく。
玉ネギは繊維に沿って薄いくし形にスライスする。
ショウガはすりおろす。
サラダ油をひいて熱したフライパンに
豚肉を入れ、色が変わるまで炒めたら、
玉ネギとおろしショウガを加え、
砂糖をふり、醤油をだーっと適当に回しかける。
玉ネギがくったりとべっこう色になって
全体に茶色く照りが出るまで、味をみて微調整しながら
ひたすら炒める。
出来上がったら、キャベツと一緒に盛り付ける。

玉ネギからかなり甘みが出るので、砂糖は
控えめでもけっこう甘辛の味になる。

佳代子さんの
One Point

原作でふり返る
料理エピソード

佳代子さんから、お姉さんが田舎から送ってきたという玉ネギを分けてもらったシロさんは、「これなら豚肉をたくさん使わなくても、ボリュームたっぷり」と教わったショウガ焼きのレシピを、さっそくその日の夕飯で実践してみることに。小さめの玉ネギを２人分で２個使い、じっくり炒めて甘みを引き出したショウガ焼きに、ケンジも大満足。（4巻・＃31）

ニンジンのナムル

● 材料〈2人分〉

ニンジン……1本
水……50cc
すりおろしたニンニク……少々
鶏ガラスープの素……少々
コショウ……少々
ゴマ油……適量
白すりゴマ……適量
塩……少々

ニンジンは長さ4～5センチ程度の千切りに。
耐熱ボウルに入れ、
焦げないよう水を入れてラップか蓋をして
レンジで5分チンする。
ニンジンに火が通ったら、
調味料（すりおろしたニンニク、
鶏ガラスープの素、コショウ、ゴマ油）を入れた
別のボウルに水気が入らないよう注意して
ニンジンを移す。調味料がニンジンになじんだら、
白すりゴマを加える。
最後に味をみて塩気が足りなかったら、
塩を足す。

たけのことわかめの味噌汁

鍋に湯を沸かす。
水でもどしたわかめをよく洗い、水気を切ったらざく切りにして椀に入れておく。
鍋に薄切りにしたたけのこを入れ、再沸騰したら、だしの素を入れる。
味噌を溶かし、
わかめが入った椀によそう。

● 材料〈2人分〉

塩蔵わかめ……20g
たけのこ(水煮)……50g
水……400cc
だしの素……少々
味噌……適量

長ネギとザーサイのせ冷ややっこ

長ネギとザーサイをみじん切りにして、豆腐にのせる。
レモン汁と醤油で作ったレモン醤油とゴマ油をかける。

● 材料〈2人分〉

豆腐……½丁
長ネギ……6cm
ザーサイ……20g
レモン汁……少々
醤油……少々
ゴマ油……適量

夏はトマトの粗みじん切りを混ぜてもおいしい。

シロさんの
One Point

かつおのたたき、さらし玉ネギとニンニクのせ

● 材料〈2人分〉

かつおのたたき（タレつき）……1柵
玉ネギ……¼個
ニンニク……適量
ショウガ……適量
ワケギ……適量

薄くスライスした玉ネギを水にさらす。
かつおのたたきを
6～7㎜の厚さにそぎ切る。
かつおを皿に盛りつけて付属のタレをかけ、
おろしショウガとスライスしたニンニク、
水気を切った玉ネギと小口切りにした
ワケギをのせる。

原作でふり返る料理エピソード

ケンジが美容室の客に、あけっぴろげに“彼氏”の話をしていたと知って激怒するシロさん。だがケンジの言い分にも一理あると気づき、気持ちを切り替えて夕飯の支度に取り掛かる。食卓を囲み舌鼓を打つうち、二人の間の空気も元通りに。

（1巻・#3）

たけのことがんもとこんにゃくの煮物

がんもどきを沸騰した湯でさっと湯通しする。
がんもどきを取り出したら、同じ湯で今度は厚めの短冊に切ったこんにゃくを下茹でする。
こんにゃくは両端を1センチ残して真ん中に切り込みを入れて、
一方の端を切り込みの中にくぐらせる。〝たづなこんにゃく〟といい、
これでこんにゃくに味が染み込みやすくなる。
適当な大きさに切ったたけのことがんもどき、こんにゃくを鍋に入れ、
ひたひたに水を入れて、味付けはめんつゆとみりん。
煮汁が半分になったところで火を止めて完成。

菜の花のからし和え

菜の花は、塩ひとつまみ
(分量外)を
入れた湯でさっと茹でる。
白だしにみりん、水を加えて、
そこにからしを溶いて菜の花を
和えれば完成。

● 材料〈2人分〉

菜の花……1束
白だし……適量
みりん……少々
水……少々
からし……適量

たけのこの煮物は
こんにゃくではなく、
もどしてざく切りにしたわかめを
最後に入れてさっと煮ると
若竹煮になります。

シロの
One Point

● 材料〈2人分〉

たけのこ(水煮)……1本
がんもどき……3個
こんにゃく……1枚
めんつゆ……適量
みりん……適量

アスパラガスのからしマヨネーズ和え

● 材料〈作りやすい分量〉

グリーン
アスパラガス……5本
醤油……ひとまわし
からし……適量
マヨネーズ……適量
かつおぶし……適量

たっぷりの熱湯に、まずは食べやすい長さに切ったアスパラガスの根元の方を入れ、ひと呼吸おいて穂先の方を入れて30秒。水に取らずにそのままザルにあけて水を切り、ボウルにあけたら醤油をかける。からしとマヨネーズ、最後に水気を止めるためにかつおぶしで和えて出来上がり。

原作でふり返る料理エピソード

シロさんは「元夫に引き取られ、離れてしまった子どもと会いたい」という情緒不安定な依頼人の見張り役として、月に一度の日曜、彼女と一緒に遊園地に行くハメに。依頼人の分も含めて、ランチ用の弁当のためにおかずを作るのだった。（2巻・＃11）

緑黄色野菜が欲しくて
ニンジンを入れたが、
キャベツと炒り卵だけを
炒めてもおいしい。

シロの
One Point

キャベツと炒り卵の炒めもの

● 材料〈作りやすい分量〉

キャベツ……½個
ニンジン……⅓本
卵……3個
ネギ……5〜6cm
ショウガ……少々
サラダ油……適量
鶏ガラスープの素……適量
塩……適量
ゴマ油……少々
黒コショウ……適量

卵3個で炒り卵を作ってボウルにあける。
ニンジンはごく薄い短冊切り、キャベツはざく切りに、
ショウガとネギはみじん切りにしておく。
ショウガとネギをサラダ油で炒めて香りが出たらニンジンを入れ、
ニンジンに油がまわったらキャベツも入れる。
味付けは鶏ガラスープの素と塩で。
最後に炒り卵を戻してゴマ油を加え、黒コショウをひいて出来上がり。

切り干し大根

切り干し大根は流水でもみ洗いしてから、
水にひたして５分ほど戻す。このもどし汁は後で使うので捨てないこと。
油揚げは千切りにする。
切り干し大根と油揚げをサラダ油で炒めて、
油がまわったところで切り干し大根のもどし汁をひたひたになるまで注ぐ。
もどし汁に切り干し大根のうまみが出ているので、
味付けは酒と砂糖と醤油だけで。
後で煮つまるので、味付けは薄めに。
水気がなくなるまで中火で煮る。

● 材料〈作りやすい分量〉

切り干し大根……50g
油揚げ……1枚
サラダ油……大さじ½
酒……適量
砂糖……適量
醤油……適量

野菜たっぷり 具だくさん雑煮

● 材料〈2人分〉

冷凍餅……4個
大根……⅓本
ニンジン……½本
白菜……大3枚
鶏モモ肉……100g
酒……少々
白だし……適量
三ツ葉……適量
柚子の皮……適量
もみのり……適量

大根は太めの千切り、ニンジンはそれより細い千切りに。
鍋に入れたら、具材がかぶるくらいの水を入れて火にかける。
白菜を縦5センチ幅に包丁を入れてから千切りに。
鍋の中身が沸騰したら、白菜を入れる。
アクを取りつつ酒を加え、
白だしで味を付ける。
鶏モモ肉を細切りにして鍋に入れ、さらにアクを取る。
鶏肉に火が通り、アクが取り切れたら火を止める。
冷凍餅をレンジで1分30秒チンして、
アルミホイルにのせてオーブントースターで焼く。
三ツ葉と、柚子の皮をひとっぺら椀の中に入れておく。
餅が焼けたら、椀に入れ、
餅の上から具材と汁をたっぷりかける。
仕上げにもみのりをのせる。

鶏肉はあまり煮過ぎないこと。

シロさんの
One Point

原作でふり返る 料理エピソード

お正月、実家に帰り、母から大量の餅を持たされたシロさん。ケンジとシロさんとの間では、雑煮と言えば関東風のシンプル雑煮だったが、2日の朝食には、野菜たっぷりの雑煮が登場。雑煮を作る際に、シロさんが重宝しているのが白だしだ。3日の食事もこの雑煮の残りで、ケンジもさすがにげんなり。（3巻・#19）

黒豆

● 材料〈作りやすい分量〉

黒豆……150g
水……1L
砂糖……120g
醤油……大さじ1½
塩……小さじ1

黒豆はよく洗い、いったん水気を切っておく。
鍋に水を入れて、強火にかける。
沸騰したら火を止めて、熱いうちに砂糖、醤油、
塩を入れ、さらに黒豆も入れたら、
鍋に蓋をしてそのまま一晩おいて、
黒豆をゆっくりもどしていく。
翌日、鍋をそのまま強火にかけ、
あえて煮立たせてアクをしっかり取り除く。
アクが取れたら100ccくらいの水を差して、
再び煮立たせてアクを取る。
この差し水&アク取りを2回ほど繰り返す。
ここできちんとアクを取りきると、
すっきりとした味の黒豆になる。
アクを取りきったら落とし蓋をし、
さらに上蓋をして、ごく弱火で約8時間煮る。
豆が指でつぶれるくらいやわらかくなったら
火を止めてそのまま冷まして、味を含ませる。

関東風雑煮

小松菜は別鍋で茹でておく。
水を鍋に入れて沸かし、
酒と白だしで味を付ける。
食べやすい大きさに切った鶏モモ肉を鍋に入れ、
アクを取る。
鶏肉に火が通り、アクが取りきれたら火を止める。
餅はアルミホイルにのせ、
オーブントースターで焼く。
餅が焼けたら椀に入れ、餅の上に鶏肉、
小松菜、三ツ葉、かまぼこをのせて、だしをかけ、
最後に柚子の皮を飾る。

● 材料〈2人分〉

餅……2個
鶏モモ肉……150g
小松菜……50g
三ツ葉……2本
かまぼこ……2枚(厚さ7㎜幅)
柚子の皮……少々

〈だし〉
水……700cc
酒……少々
白だし……適量

豆が煮汁から出るとしわが寄るので、必要なら途中で差し水をして、煮汁はたっぷりの量を保つように。さび釘などを一緒に入れて煮ると、黒々と仕上がるそう。

シロさんの
One Point

原作でふり返る料理エピソード

クリスマスが終わり、仕事納めも過ぎた年末のある日。夕食後、再びエプロン姿になったシロさんに、ケンジはキョトン。聞けば、ケンジがおせちの中で好きだと言っていた黒豆作りに着手するという。シロさんのこれまでにない言動が気にかかるケンジだったが、シロさんはある決断をしていた。(9巻・#69)

豚バラ、キャベツ、ニラ、春雨のもつ鍋風

土鍋にゴマ油をひいたら、
豚バラ肉を色が変わるまでよく炒め、水を注ぎ入れる。
沸騰したらアクをすくって、酒と鶏ガラスープの素を入れ、
ざく切りにしたキャベツ、ニンニクのスライス、
タカノツメの輪切りを入れて、醤油と砂糖、
コショウで味を調える（ナンプラーがあれば、それもまた◎）。
スープの味が決まったところで、
春雨をもどさずそのままぶちこんで、
春雨がスープを吸ってやわらかくなったら、
最後にニラのざく切りを入れて、
さっと火を通して出来上がり。

● 材料〈2人分〉

豚バラ肉……150g
キャベツ……1/4個
春雨……50g
ニラ……1束
ニンニク……1片
鶏ガラスープの素……大さじ1
酒……少々
タカノツメ……1本
水……600cc
醤油……少々
砂糖……少々
コショウ……少々
ゴマ油……適量

肉の味が物足りなかったら、
柚子胡椒を付けて。
お鍋の具には、ほかにモヤシ、
ゴボウ、豆腐、餅などを入れても。
味付けも醤油でなく
味噌を使ってもおいしい。

シロさんの
One Point

原作でふり返る料理エピソード

年末、実家の大掃除をしに帰ったシロさん。なんだかんだとやることが増えてしまって時間を取られ、自宅に戻ってからはおせちの準備にバタバタ。ケンジとの夕飯は、20分で手早くパパッと鍋を準備。ビールを開け、二人で無事に忘年会!（10巻・＃79）

鶏手羽先の水炊き

● 材料〈2人分〉

鶏手羽先……6本
白菜……3〜4枚
水菜……2株
長ネギ……1本
豆腐……1丁
しいたけ……6本
酒……100cc
だし昆布……1切れ

〈タレ〉
ポン酢醤油
柚子胡椒

たっぷりの水と酒を入れた土鍋に、手羽先とだし昆布を入れ、水から煮る。アクをすくいながら、弱火で40分くらい。

その間に、白菜と水菜はざく切り、長ネギはなめ切り、豆腐は8等分、しいたけは軸を落とし、半分に切っておく。

食べる直前に、野菜や豆腐を入れ、蓋をしてぐつぐつと煮る。

（白菜の硬いところは先に煮ておくとよい）

タレは、ポン酢醤油と柚子胡椒で。

原作でふり返る
料理エピソード

仕事で手痛いミスをしてしまい、夕食の献立を考える気力をなくしたシロさん。水炊きにしようとスーパーに向かうが、鶏モモ肉がなかったため、鶏手羽先で作ることに。「鍋オンリーでいいか」と一瞬思うものの、副菜好きの血が騒ぎ、レンコンできんぴらを作ろうと思い立つ。

（3巻・#20）

鍋のダイゴ味はこの「おじや」!

1膳分の冷凍ごはん（レトルトごはんでも可）をレンジでチンして、
水で洗って粘り気を取る。
それを、少なくなったスープの中に入れ、火にかける。
煮立ったら塩で控えめに味付けをし、溶き卵を流し入れる。
蓋をして火を止め、卵がふんわりとしたら完成。

レンコンのきんぴら

きんぴらに入れる酢は、
ほんの少し、ひとたらしでよい。

シロさんの
One Point

● 材料〈2人分〉

レンコン……1節
タカノツメ……1本
ゴマ油……適量
酒……適量
砂糖……適量
めんつゆ……適量
みりん……適量
酢……少々

レンコンの皮をむき、
縦半分に切ってから、
薄切りにする（半月切り）。
フライパンに、
輪切りにしたタカノツメと、
レンコンとゴマ油を入れ、火にかける。
具材に油がまわったら、
酒、砂糖、めんつゆ、みりん、
それに酢を入れて味付けする。
（酢を入れることで味が締まる）
調味料が煮つまり、
レンコンに照りが出てきたら完成。

鮭と卵とキュウリのおすし

● 材料〈4人分〉

米……２合
塩鮭……２切れ
キュウリ……２本
卵……２個
すし酢（市販のもの）……適量
塩……適量
ゴマ油……適量
炒りゴマ……適量

２合分の米を、水少なめで炊く。
グリルに塩鮭を並べて、焼く。
炊き上がったごはんにすし酢をふって混ぜ、
酢飯を作っておく。
キュウリを薄い小口切りにして、
塩小さじ１（分量外）をふり、なじませておく。
器に卵を割り、塩少々を入れて溶く。
フライパンに多めのゴマ油をひき、炒り卵を作る。
焼き上がった塩鮭の皮と骨を取り、ほぐす。
（焦げが入らないように注意）
酢飯に炒り卵とほぐした塩鮭の身を入れて混ぜ合わせる。
そこに、塩でしんなりさせたキュウリを水洗いし、
よく水気をしぼって加え、
たっぷりの炒りゴマを散らせば出来上がり。

原作でふり返る料理エピソード

ケンジの友人、ヨシくん達が家に来て食事会をすることに。ヨシくんがかなりの料理の腕前と聞いたシロさんは献立に悩むが、見栄を張らず“いつもの夕飯”を出すことに。筑前煮と、ナスとパプリカの炒め煮、すし用の鮭はほぐすなど前日のうちに準備しておき、当日の手間を短縮。（4巻・#26）

シロさんの
One Point

レンコンをパリッとした食感に仕上げたいなら、
めんつゆ投入後に入れてみて！

筑前煮

こんにゃくを一口大にちぎって湯がく。
300ccくらいの水につけておいた干ししいたけを4等分して、
ニンジンとゴボウ、レンコンを乱切りにする。
レンコンは、ボウルに酢水（分量外）を張ってつけておく。
たけのこの水煮と鶏モモ肉は一口大に、
ショウガは粗みじんに切っておく。
厚手の鍋を中火にかけて、サラダ油をひき、ショウガを炒める。
そこに、鶏肉を入れてサッと炒め、まわりが白くなったら、
器に取り出し砂糖大さじ2と醤油をからめておく。
鶏肉を取り出した鍋にゴマ油をひき、ゴボウとニンジンを炒める。
さらに、たけのこ、こんにゃく、水気を切ったレンコン、干ししいたけを加え、
全部の具材に油がまわったら、干ししいたけのもどし汁を入れる。
砂糖大さじ１とめんつゆを投入。
鶏肉を戻し入れて、汁気が完全になくなるまで煮る。

● 材料〈4人分〉

こんにゃく……½枚
干ししいたけ……３枚
※もどし汁も使うので注意
ニンジン……½本
ゴボウ……½本
レンコン……小１節
たけのこの水煮……½本
鶏モモ肉……１枚
ショウガ……２片
砂糖……大さじ３
醤油……大さじ２
ゴマ油……少々
サラダ油……少々
めんつゆ……適量

ナスとパプリカの炒め煮

縦に6～8等分したナスを、
種を抜いて輪切りにしたタカノツメと
オリーブオイルでザッと炒める。
さらに、縦に細切りにしたパプリカを入れて、
水少々（分量外）、酒とみりん、
鶏ガラスープの素、醤油で味付けする。
蓋をして蒸し煮にし、
ナスとパプリカがくったりしたら出来上がり。

● 材料〈4人分〉

ナス……3本
パプリカ……2個
タカノツメ……1本
オリーブオイル……適量
鶏ガラスープの素……少々
酒……少々
みりん……少々
醤油……少々

カブの海老しいたけあんかけ

カブの葉を落として、皮をむいたら、6等分する。
カブを鍋に入れ、ひたひたより少なめの
水と、酒、みりん、白だしを加えて煮ていく。
沸騰したら、火は中弱火に。
軸を落としたしいたけと
カブの葉少々はみじん切りに。
海老は殻をむき背わたを取ったら、みじん切りにして
片栗粉をまぶしておく。
カブが透き通ってきたら、すぐに火を止め、
器にカブだけを取り出しておく。
その鍋をもう一度煮立てて、汁が沸騰したら、
しいたけとカブの葉を入れ、塩で味を調える。
最後に、海老を入れ、とろみがついたら、
おろしショウガを加え、カブにかけて完成。

● 材 料〈4人分〉

カブ……4個　しいたけ……2本
海老……中8尾　おろしショウガ（チューブ）……少々
片栗粉……適量　酒……少々　みりん……少々
白だし……少々　塩……少々

ブロッコリーの梅わさマヨネーズ

鍋にたっぷりの水と塩少々（分量外）を入れて
沸騰させる。
一口大に切ったブロッコリーを投入し、
再沸騰してきたら、
ザルにあげて余熱で火を通す。
器に、種を取ってたたいた梅干しを入れ、
マヨネーズ、おろしわさび、みりん、
醤油を混ぜてソースを作り、
ブロッコリーに添える。

● 材 料〈4人分〉

ブロッコリー……1株　梅干し……1個
マヨネーズ……適量　おろしわさび（チューブ）……少々
みりん……少々　醤油……少々

シロさんの
One Point

カブは、ある瞬間に突然ぐずぐずに
火が入ってしまうので、透き通ってきたら
すぐに火を止めること！

梅茶漬

冷凍ごはん（レトルトごはん）をレンジで温める。
その間に、梅干しの種を抜き、
実を軽くたたいておく。
のりはあぶって、もみのりに。
ごはんの上に、たたいた梅とおろしわさびをのせて、
炒りゴマをふって、昆布茶をかける。
お湯を注いでのりをのせたら出来上がり。

● 材料（1人分）

冷凍ごはん（レトルトでも可）……1膳分
梅干し……1個
のり……¼枚
おろしわさび（チューブ）……少々
炒りゴマ……少々
粉末昆布茶……少々

原作でふり返る料理エピソード

店長との飲みで遅く帰ってきたケンジは、お腹がすいている様子。冷凍のごはん玉が小さめだと気づいたシロさんは、お茶漬にしてかさ増し。具はたたき梅ともみのり、これに薬味を添えるひと手間で、ホッと心和む夜食が完成。（4巻・#32）

ホウレン草の白和え

絹ごし豆腐を耐熱容器に入れ、レンジで1分半加熱。
取り出したら、豆腐に皿をかぶせ、上から重しをして水切りしておく。
（重しにジャムの瓶などを使ってもよい）
鍋にたっぷりの水を入れ火にかけ、沸く間にホウレン草を水洗いする。
お湯が沸騰したら、塩少々（分量外）を入れ、ホウレン草を投入。
お湯が再沸騰してきたら冷水に取り、ザルにあげておく。
ボウルに、白練りゴマ、白すりゴマ、醤油ひとたらし、
砂糖、塩を入れてよく混ぜる。
ここに、水切りしておいた豆腐を入れて、さらに練る。
ホウレン草を5～6センチの長さに切って、よく水気をしぼる。
ボウルに入れ、豆腐の和え衣とよく和え、
味をみながら調味料を微調整して完成。

● 材料〈2人分〉

絹ごし豆腐……¼丁
ホウレン草……３～４株
白練りゴマ……小さじ１
白すりゴマ……小さじ１
醤油……少々
砂糖……大さじ１
塩……小さじ½

練りゴマがなければ、すりゴマだけでもOK。逆に、練りゴマだけでもOK！

ケンジの
One Point

原作でふり返る料理エピソード

風邪で寝込んでいるシロさんのために、ケンジが料理。手際が悪く、卵を使った料理が２品あったり、甘いおかずがかぶっていたりとシロさん的にはツッコミどころ満載だが、あえてスルー。『ためしてガッテン』で作り方が紹介されていた卵焼きは、シロさんも感心の味。（４巻・#27）

鶏肉と卵と三ツ葉の雑炊

冷凍ごはん（レトルトごはん）をレンジで温め、ザルにあけて水で洗う。
鍋に、洗ったごはんとたっぷりの水、
白だしを適当に入れて火にかける。
鶏モモ肉を一口大に切り、鍋が沸騰して、
ごはんがふやけてきたら投入する。鶏肉に火が通ったら、
器に卵を割り入れ、溶いて鍋に流し入れる。
２～３センチに切った三ツ葉を加えて出来上がり。

● 材料〈2人分〉

冷凍ごはん
（レトルトでも可）……２膳分
鶏モモ肉……１枚
※多い場合は、½枚程度
卵……１個
白だし……適量
三ツ葉……適量

ツナとトマトの
ぶっかけそうめん

ツナの油を切り、
お好みでマヨネーズと合わせておく。
トマトをサイコロ状に、
キュウリを千切りに、
青じそを細切りにする。
万能ネギは小口切りに。
ミョウガは縦半分に切ってから、
ななめ薄切りにする。
鍋にたっぷりのお湯を沸かし、
そうめんを茹でる。茹で上がったら
水で洗い、氷水でしめて、水を切る。
皿に盛り付けたら、
濃縮タイプのめんつゆを薄めずに、
トマトのサイコロ切りと合わせてぶっかける。
その上に、キュウリとツナ、
青じそ、万能ネギ、ミョウガをのせ、
白すりゴマをかけて、おろしショウガなどの
薬味を添えて完成。

原作でふり返る料理エピソード

「お買い得なスイカを半分こしよう」という話から、近所に住む主婦、富永佳代子の家に上がり込んだ史朗。しかし佳代子からあらぬ誤解を受けて騒がれ、ゲイだと告白するハメに。ヘンな勘違いをしたお詫びにと佳代子が昼食で出してくれたのが、この具だくさんそうめん。

（1巻・＃2）

● 材料〈2人分〉

そうめん……150ｇ
ツナ……½缶
トマト……大１個
キュウリ……１本
青じそ……５～６枚
万能ネギ……４本
ミョウガ……１個
白すりゴマ……適量
おろしショウガ……適量
めんつゆ（濃縮タイプ）……適量
マヨネーズ……適量

ツナは油を切ってそのままでも、
ツナマヨでもお好みで。

佳代子さんの
One Point

サッポロ一番みそラーメン

白菜はざく切り、ニンジンは薄い短冊、長ネギは薄いななめ切りにし、
塩蔵わかめは塩を洗って水でもどしておく。
まずは、半熟卵から。
少しの水を入れた耐熱容器に卵を割り入れ、
(爆発しないように)箸などで黄身をつついたら、
ふんわりとラップをして、レンジで40秒。
その間に、豚バラ肉を3〜4センチ幅に切り、
水でもどしたわかめを切る。
モヤシは洗ってザルにあげておく。

鍋にサラダ油(分量外)を入れて、まず豚肉を炒める。
豚肉に火が通ったら、ニンジン、白菜の順に入れて炒め、
野菜に火が通ったら、バターをがつっと投入。
そして、おろしニンニク、味噌、みりん、
鶏ガラスープの素を加え、
きっちり500ccの水を、鍋に入れる。
(ここで、どんぶりにスープの粉を入れておく)
沸騰したら麺を入れてまず2分。
(ここからは何があってもノンストップ!)
2分経ったら、モヤシ、わかめ、長ネギを入れてあと1分。
どんぶりには汁から先に入れてスープを均一に溶かす。
そこに麺と具材を入れて。
最後に、半熟卵をのせ、ラーメンコショウをひとふり。

● 材料〈1人分〉

サッポロ一番みそラーメン……1袋
白菜……1〜2枚程度
モヤシ……½袋
ニンジン……適量
長ネギ……適量
塩蔵わかめ……適量
豚バラ肉(薄切り)……100g
卵……1個
バター……適量
おろしニンニク(チューブ)……少々
味噌……少々
みりん……少々
鶏ガラスープの素……少々
ラーメンコショウ……少々

原作でふり返る料理エピソード

年末、シロさんが実家に帰ったため、一人で年越しをすることになったケンジ。彼が年越しそばにと作ったのが、こちら。バターをがつっと使ったり、スープを濃いめにしたりと自分流にアレンジするのが、袋ラーメンの楽しみ。食べ終わるまでは、シロさんからの電話も後回し。
(3巻・#18)

知っておくと便利!! 超かんたん

副菜レシピ

スナップえんどうの柚子胡椒びたし

スナップえんどうはさやの両側にある
筋を取って、沸騰した湯で
サッと塩茹でする。
白だしとみりんを水で割り、
柚子胡椒を溶いてだし汁を作る。
ザルに上げたら熱いうちにだし汁にひたして、
冷蔵庫で30分ほど冷やしたら出来上がり。

● 材料〈作りやすい分量〉

スナップえんどう……1袋
白だし……少々
みりん……少々
水……適量
柚子胡椒……適量

長ネギのコンソメ煮

4～5㎝のざく切りにした長ネギを
鍋に入れて、水とコンソメキューブを
入れて火にかける。
後は蓋をして、中弱火ぐらいで
長ネギがくたくたになるまでただ煮るだけ。
器に盛って、からしマヨネーズを
ちょんとのっけて、
黒コショウをひいて出来上がり。

● 材料〈作りやすい分量〉

長ネギ……4本
水……200cc
コンソメキューブ……1個
からしマヨネーズ……適量
黒コショウ……適量

ピーマンとじゃこのきんぴら

ピーマンを縦に切る。
じゃことピーマンを
ゴマ油で炒めて、
みりんとめんつゆで味付け。

● 材料〈作りやすい分量〉

ピーマン……2袋
ちりめんじゃこ……適量
ゴマ油……適量
みりん……適量
めんつゆ……少々

シロさんの簡単レシピ

Chinese & South Korea Food

中華&韓国

肉味噌あんかけチャーハン

● 材料〈2人分〉

豚ひき肉……100g
ニンニク……1片
ショウガ……1片
長ネギ……5㎝
万能ネギ……2本
豆板醤……適量
サラダ油……適量
酒……適量
砂糖……適量
味噌……適量
醤油……適量
水……50cc
片栗粉……大さじ1
（水大さじ2で溶く）
ごはん……2膳分
卵……1個
塩……適量
コショウ……適量

ニンニク、ショウガ、長ネギをみじん切りにして、
長ネギの半量を取り分ける。
残りの長ネギとニンニク、ショウガ
をフライパンに入れ、豆板醤と一緒に
サラダ油で香りが出るまで炒める。
そこに豚ひき肉を投入して、
肉が炒まったら酒、砂糖、味噌、醤油で甘辛く味を付け、
水を入れたら水溶き片栗粉でとろみをつける。
万能ネギをみじん切りに。
卵を溶き、卵液に塩少々を入れておく。
別のフライパンに卵液が泳ぐほどのサラダ油を熱し、
卵液を入れる。
最初に取り分けておいた長ネギを加え、
ごはんを入れて炒め、塩、コショウで味付けする。
肉味噌あんをあっため直し、器に盛ったチャーハンの上にかける。
万能ネギをたっぷりのせる。

ちょっと面倒だけど、
あんかけチャーハンの肉味噌に
ナスの素揚げを入れると
よりボリューミーに。

シロさんの
One Point

原作でふり返る料理エピソード

年末年始、実家に帰ることになりそうで憂鬱なシロさんが親の愚痴をこぼすと、真面目なトーンで諌めるケンジ。翌日、自分の言動を反省したシロさんは、夕飯の献立を全部ケンジの好きなものに。気まずかったケンジも、その心遣いにホッ。（3巻・＃17）

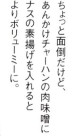

ブロッコリーと鶏肉のオイスターソース炒め

● 材料〈2人分〉

ブロッコリー……1株
鶏モモ肉……½枚
ニンニク……1片
ショウガ……1片
長ネギ……10㎝
酒……少々
オイスターソース……適量
醤油……適量
コショウ……適量
サラダ油……少々

ブロッコリーは小房に分けて、
塩（分量外）を入れたお湯で硬めに茹でたらザルにあげて、
余熱で火を通す。
鶏モモ肉は一口大に切ったら酒、醤油、
コショウ各少々で下味をつけておく。
ニンニク、ショウガ、長ネギをみじん切りにして
サラダ油で炒めたら、そこに鶏モモ肉を入れる。
肉の色が変わったところで
茹でておいたブロッコリーを入れて、オイスターソース、
醤油、コショウで味を付けて完成。

白菜の柚子びたし

白菜を、塩（分量外）を入れた少なめの湯で
３〜４分、わりに強火で蒸し茹でみたいにする。
ザルに上げたら水に取らずにそのまま冷ます。
粗熱が取れた頃合いの白菜をざく切りにして、
ゆるく水気をしぼってポン酢醤油をかけ、
柚子の皮の千切り、かつおぶしをのせたら
出来上がり。

● 材料〈2人分〉

白菜……３〜４枚
ポン酢醤油……適量
柚子の皮……適量
かつおぶし……適量

酸辣湯《サンラータン》

鍋に豆板醤を入れ、
ゴマ油で香りが立つまで炒める。
そこに水と酒、鶏ガラスープの素を
テキトーに入れて火にかける。
しいたけは薄切りに。卵は溶いておく。
鍋のスープが沸いたらしいたけを入れて、
塩と醤油で味を調えて、片栗粉を倍量の水で
溶いて加え、とろみをつける。
沸騰したら、溶き卵を流し入れる。
最後に豆腐をくずし入れて、
酢を加えて出来上がり。

● 材料〈2人分〉

しいたけ……２枚
卵……１個
豆腐……⅓丁
豆板醤……小さじ１
ゴマ油……適量
水……300cc
酒……少々
鶏ガラスープの素……適量
塩……適量
醤油……適量
片栗粉……小さじ１
酢……小さじ１½

卵とアスパラ入り海老チリ

海老の殻をむいて、背に包丁を入れ、つまようじで背わたを取る。

下ごしらえが済んだ海老に、酒と片栗粉、コショウとゴマ油をまぶして下味を付ける。

アスパラは根元の硬い部分を落として、下の方の皮をむいてから1センチ幅のななめ切りに。

長ネギは粗みじんにする。

ニンニク、ショウガは細かいみじん切りに。

器に卵を割り入れ、軽く塩、コショウして、溶いておく。


チリソースを作る。計量カップに鶏ガラスープの素を入れたら、１００ccの湯を注ぎ、そこに、トマトケチャップ、酒、酢、砂糖、片栗粉を入れ混ぜておく。


フライパンを熱し、サラダ油を多めにひいて、溶いておいた卵で炒り卵を作る。

器に取り出し、フライパンをざっと洗い、もう一度熱する。

サラダ油、豆板醤、ニンニクとショウガを入れて香りが立ってくるまで炒める。

アスパラと海老を入れ、海老の色が変わったら、もう一度よくかき混ぜたチリソースを注ぎ入れてひと煮立ちさせる。

チリソースが煮立ったら炒り卵を戻す。

最後に長ネギを散らし、ひと混ぜしたら完成。

● 材料〈２人分〉

海老（殻つき）……150g
アスパラ……４本
長ネギ……10cm
卵……２個
ニンニク……½片
ショウガ……½片
酒……少々
片栗粉……少々
豆板醤……小さじ１
塩……少々
コショウ……適量
ゴマ油……少々
サラダ油……適量

〈チリソース〉
鶏ガラスープの素……小さじ１
トマトケチャップ……大さじ３
酒……大さじ１
酢……小さじ１
砂糖……小さじ１
片栗粉……大さじ１

原作でふり返る料理エピソード

「今日はアスパラだ」と意気込んでケンジと一緒に買い出しに向かったものの、予想外の値段の高さにびっくりしたシロさん。が、初志貫徹でアスパラ、それに特売の卵と海老を組み合わせ、メインディッシュにすることに。シロさんはこれをごはんと絡めて食べるのが好き。（７巻・＃53）

ニンジンとモヤシのナムル

● 材料〈2人分〉

モヤシ……1袋
ニンジン……小1本
白すりゴマ……少々
塩……少々
コショウ……少々

〈ナムルの素〉
鶏ガラスープの素……小さじ2
おろしニンニク
（チューブ）……少々
砂糖……少々
ゴマ油……少々

モヤシを水で洗う。
ニンジンは長さ4～5センチの細切りにしておく。
大きな鍋にたっぷりの水とニンジンを入れ、火にかける。

沸騰を待つ間に、ナムルの素を作っておく。
大きなボウルに鶏ガラスープの素、おろしニンニク、砂糖、ゴマ油を入れて混ぜるだけ。

沸騰してきたら、中火にしてニンジンに火が通るまでしばらく待つ。
ニンジンに火が通ったら、モヤシを入れる。
モヤシが半生くらいの状態で、鍋の中身を全部ザルにあげて、余熱で中まで火を通す。
水気をよく切ったら、モヤシとニンジンをボウルに入れ、ナムルの素と混ぜ合わせる。
塩、コショウで味を調え、白すりゴマでざっくりと和える。
（ゴマはなくてもいいし、炒りゴマでもおいしい）

ジャガイモとわかめの味噌汁

ジャガイモを一口大に切って、鍋に入れる。
材料がかぶるくらいの水を入れて火にかける。
（沸騰したら弱火に）
水でもどした塩蔵わかめをよく洗い、
水気をしぼったら、ざく切りに。
ジャガイモに火が通ったら、
だしの素と、味噌を溶き入れる。
わかめを入れたら完成。

● 材料〈2人分〉

ジャガイモ……大１個
塩蔵わかめ……適量
だしの素……少々
味噌……適量

梅わさびやっこ

梅干しの種を抜いて、包丁でたたく。
この梅肉をボウルに入れ、
みりん、醤油、酢を加えてのばす。
和風だしの素を入れて、混ぜ合わせたら、
半分に切って皿に盛りつけた豆腐にかけるだけ。
最後におろしわさびをのせて出来上がり。

● 材料〈2人分〉

豆腐……½丁
梅干し……１個
おろしわさび（チューブ）……少々
和風だしの素……少々
みりん……小さじ１
酢……小さじ２
醤油……少々

カブとベーコンの豆乳スープ

カブの皮をむいて、１個を６等分に切る。
カブを水と一緒に鍋に入れ、火にかける。
ベーコンを細切りにして、これも鍋に放り込む。
味付けは鶏ガラスープの素と塩で。
カブの葉を小口切りにしておき、
カブに完全に火が通る前に加えて、
水溶き片栗粉を作り、流し入れる。
最後に豆乳を入れ、沸騰させないように軽く温めたら、
黒コショウをふって出来上がり。

● 材料〈2人分〉

カブ……1〜2個
ベーコン……1枚
豆乳……100cc
水……150cc
鶏ガラスープの素……少々
塩……少々
片栗粉……大さじ1
(水大さじ2で溶く)
黒コショウ……適量

キャベツとホウレン草入り マーボー春雨

キャベツをざく切りにして、
春雨ははさみで食べやすい長さに切る。
フライパンにサラダ油をひき、
長ネギとショウガのみじん切り、豆板醤を
炒めたら、そこに豚ひき肉を入れる。
キャベツを入れて油がまわったら酒、
味噌、あればオイスターソース、砂糖、醤油、
コショウで味付けする。
水を加え、春雨を水でもどさずそのまま加えて、
スープを春雨に吸わせていく。
ざく切りにしたホウレン草を入れて
さっと炒め合わせたら、
ゴマ油をたらす。

マーボー春雨はキャベツとホウレン草のほか、生の小松菜や白菜でもいける。

シロさんの
One Point

● 材料〈2人分〉

キャベツ……2〜3枚
茹でたホウレン草……⅓〜½束
春雨……30g
豚ひき肉……100g
長ネギ……5㎝
ショウガ……½片
豆板醤……適量
酒……少々
味噌……少々
オイスターソース……少々
※なくてもOK。お好みで。
砂糖……少々
醤油……少々
コショウ……少々
水……100cc
ゴマ油……適量
サラダ油……適量

新玉ネギとわかめのポン酢醤油がけ

新玉ネギは繊維に沿って薄くスライスして、
冷水に10〜20分さらしておく。
塩蔵わかめはさっと湯通ししてから水に取り、
水気をしぼったらざく切りにして、皿に盛る。
水にさらしてあった玉ネギは
水気を切ってわかめの上にのせ、
かつおぶしとショウガのすりおろしをのせて、
食べる直前にポン酢醤油をかける。

● 材料〈2人分〉

新玉ネギ……½個
塩蔵わかめ……適量
かつおぶし……適量
ショウガ……適量
ポン酢醤油……適量

原作でふり返る料理エピソード

新玉ネギがおいしい春。まだ肌寒い夜にシロさんが作ったのは、豆板醤を使ったピリ辛中華風のマーボー春雨と熱々の豆乳スープ。賢二はマーボー春雨をごはんにのっけて、「おいひ〜♡」「最強〜」とはっふはふしながら嬉しそうに食べた。（7巻・＃52）

レバニラ炒め

● 材料〈2人分〉

豚レバー……150g
モヤシ……1袋
ニラ……1束
酒……小さじ½
醤油……小さじ1
おろしニンニク（チューブ）……少々
ショウガのすりおろし……少々
サラダ油……適量
片栗粉……大さじ2
ゴマ油……少々

〈合わせ調味料〉
鶏ガラスープの素……小さじ1
醤油……大さじ1½
オイスターソース……大さじ1
砂糖……小さじ2
コショウ……少々

豚レバーは表面を水で洗ったら薄切りにして、
ペーパータオルで水気を拭き取っておく。
ボウルに酒、醤油、おろしニンニク、ショウガのすりおろしを入れ、レバーと和える。
5分ぐらいおいて下味をつける。
モヤシは洗っておき、ニラは長さ3～4センチに切っておく。
合わせ調味料として、鶏ガラスープの素、醤油、オイスターソース、
砂糖、コショウをよく混ぜ合わせておく。
中華鍋を煙が出るまでガンガンに熱して、そこにサラダ油を入れ、十分に加熱する。
揚げる直前に、下味をつけたレバーに片栗粉をまぶしつけ、
だいたい160℃に熱した油でレバーを揚げる。
下味をつけておく時間が長すぎると、ここで油はねするので要注意！
レバーは手早く取り出して、揚げ油はオイルポットに全てあけておく。
再度鍋を熱したら、ゴマ油を入れ、モヤシとニラを入れて炒める。
モヤシとニラに油がまわったら、
レバーと合わせ調味料を入れてすばやく味をなじませる。

原作でふり返る料理エピソード

シロさんが、一度家で作ってみたかったレバニラ炒めに初チャレンジ。レバーを、野菜と炒める前にさっと揚げるというひと手間を取り入れたことで、レバーの臭みが抑えられてプリプリやわらかな食感に。食欲をそそるがっつり醤油味の、絶品レバニラ炒めが見事に完成!（11巻・＃84）

シロさんの
One Point

レバーは揚げすぎないようにさっと引き上げるのがポイント。油の中でくっつきやすいので、少量ずつ揚げるのがおすすめ。

蒸しナスのじゃこマリネ

ナスはへたを切って、縞目に３ヵ所皮をむく。
全体を水に濡らし、耐熱容器に並べ、
密閉しないようにふわっとラップをして、レンジで４分加熱する。
次にドレッシングを作る。
フライパンを熱し、ちりめんじゃこ又はしらすをゴマ油でかりっとするまで炒めて、
そこに酢、醤油、砂糖、柚子胡椒を入れてよく混ぜておく。
蒸し上がったナスはラップをはずして粗熱を取る。
いちばん太いところを箸ではさんでみて、やわらかくなっていればよし。
ナスを輪切りにして、ドレッシングをかけたら、冷蔵庫で冷やしておく。

●材料〈2人分〉

ナス……３本（長ナスなら２本）
ちりめんじゃこ又はしらす……大さじ２
ゴマ油……適量
酢……大さじ１
醤油……大さじ½
砂糖……少々
柚子胡椒……少々

かきたま汁

鍋に水、塩、醤油、和風だしの素を入れ、
沸かして作った吸い地に、
溶き卵 1 個分を流し入れる。

● 材料〈2人分〉

卵……1個
水……400cc
塩……少々
醤油……適量
和風だしの素……少々

キュウリとキャベツの塩揉み

キャベツと大葉は千切り、
キュウリは薄切りにする。
キャベツとキュウリをボウルに入れ、
塩をかけてざっと混ぜておく。
塩でしんなりしたキュウリとキャベツは
軽く揉んだのち、かたく水気をしぼる。
うまみ調味料を少し足して器に盛り、
上にお好みで白ゴマをふり、
さらに大葉の千切りをのせる。

● 材料〈2人分〉

キュウリ……1本
キャベツ……2枚
大葉……3枚
塩……小さじ1
うまみ調味料……少々
白ゴマ……適宜

究極、キュウリだけでもよい。

シロさんの
One Point

小松菜と厚揚げの煮びたし

● 材料〈2人分〉

小松菜……2把
厚揚げ……½枚
酒……適量
めんつゆ……適量
みりん……適量
サラダ油……適量

鍋にサラダ油を少しひいて、
小松菜と厚揚げを
入れて火にかける。
酒とめんつゆと少量の水、
さらに、
みりんを足して煮る。

鮭とゴボウの炊き込みごはん

米を研ぎ、分量どおりに水を入れる。
そこから、おたま2杯分水を減らす。
昆布を入れ、
酒と醤油（合わせておたま2杯分）で
薄めに味付け。
その中に、塩鮭を入れて、
ゴボウをささがきにして入れる。
その上にまいたけをほぐして加え、
炊飯器のスタートボタンを押す。
ごはんが炊き上がったら、
塩鮭を取り出してほぐす。
昆布も取り出してきざむ。
それをもう一度釜に戻し、
たっぷりと炒りゴマをふって完成。

● 材料〈2人分〉

米……2合
ゴボウ……½本
まいたけ……1パック
塩鮭……2切れ
（米1合あたり1切れ）
炒りゴマ……適量
昆布……1切れ
酒……適量
醤油……適量

ゴボウのアクはポリフェノールでうまみの素だから水にさらさない。

シロさんの
One Point

原作でふり返る料理エピソード

退社したシロさんは、家の近所のスーパーをチェック。ゴボウとまいたけが安かったので、白飯を炊き込みごはんに変更。前日の残りの小松菜と厚揚げは、煮びたしにアレンジ。味噌汁に豚肉を使ったので、メインは肉でなく、栄養バランスの面から卵料理に。（1巻・#1）

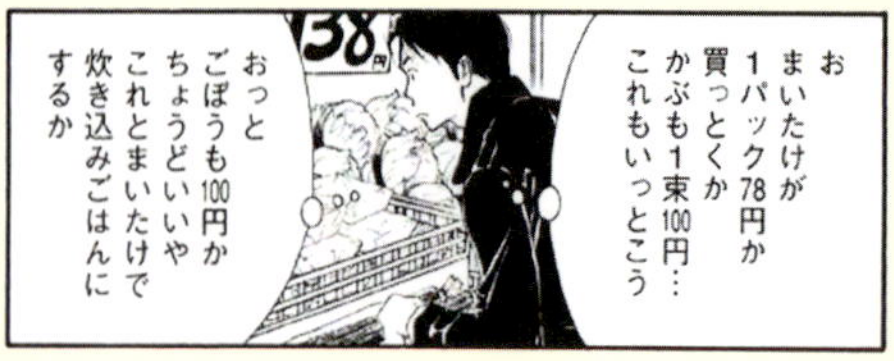

たけのこの千切りとザーサイの中華風炒め

フライパンにたっぷりのサラダ油を熱し、
塩味の炒り卵を作る。
皿に取り出し、
同じフライパンにゴマ油をひき、
長ネギとショウガ、
ザーサイのみじん切りを炒める。
香りが出てきたら、
そこに、たけのこの千切りを加える。
味付けは鶏ガラスープの素と、
砂糖、コショウ。
炒り卵を戻して軽く混ぜる。

● 材料〈2人分〉

千切りたけのこ（水煮）……1袋
ザーサイ……30g程度
卵……2個
長ネギ……⅓本
ショウガ……適量
鶏ガラスープの素……少々
砂糖……小さじ1
塩……少々
コショウ……少々
ゴマ油……適量
サラダ油……適量

ザーサイが
入っているので、
塩気は控えめに。

シロさんの
One Point

キムチチゲ ジルベール風

● 材料〈1人分〉

豚バラ肉（薄切り）……50〜100g
キムチ……150g
あさり（殻付き）……350g
えのき（小袋）……1株
豆腐……½丁
卵……1個
長ネギ……⅓本
ニラ……½束
おろしニンニク……適量
おろしショウガ……適量
一味唐辛子……適量
醤油……適量
酒……適量
ゴマ油……適量
水……400cc
和風だしの素……少々
味噌……大さじ1
コチュジャン……大さじ1
キムチの漬け汁……大さじ1

豚バラ肉を3〜4センチ幅に切る。

鍋に豚肉を入れて、おろしニンニク、おろしショウガ、一味唐辛子、醤油、酒、ゴマ油を揉み込んで、鍋をそのまま火にかけて肉を炒める。

肉に火が通ったら、次にキムチを入れて炒める。

鍋に水と和風だしの素を加え、味噌、コチュジャン、キムチの漬け汁でスープを味付けする。

スープが沸騰してきたら、あさりを入れる。

ほぐしたえのきと豆腐を入れ、あさりの口が開いてきたら、卵を落とす。

最後に斜め切りにした長ネギと長さ3〜4センチに切ったニラを入れ、軽く火を通したら出来上がり。


コチュジャンがなければ、一味唐辛子、砂糖、味噌多めでも対応できます。このキムチチゲに必須の材料は、キムチ、あさり、豚肉。その他の材料はお好みで。

航の
One Point

原作でふり返る料理エピソード

その日は朝にクロワッサンを1個食べただけで、あとはカフェオレしか飲んでいなかったジルベール。スポーツジムに行った後、空腹を覚えて何かガッツリしたものを食べたくなった彼は、ちょうどスーパーの前を通りかかったこともあり、買い出しをして久しぶりに自分で料理しようと思い立つ。（7巻・＃54）

知っておくと便利!!
超かんたん
副菜レシピ

コーンの バター醤油炒め

汁を切ったコーンを、
フライパンでバターと炒める。
醤油をたらして、
黒コショウをひいたら出来上がり。

● 材料〈作りやすい分量〉

コーン缶……1缶
バター……1かけ
醤油……適量
黒コショウ……適量

ズッキーニの 浅漬け

5ミリ幅の半月切りにした
ズッキーニをボウルに入れ、
昆布茶と酢を入れてよく和える。
調味料がなじんだら、
冷蔵庫で冷やせば出来上がり。

● 材料〈作りやすい分量〉

ズッキーニ……中2本
粉末昆布茶……大さじ2
酢……大さじ2

ホウレン草の 梅びたし

梅肉をたたき、みりん、
水、和風だしの素、酢、
醤油を入れて梅肉だれを作る。
茹でたホウレン草の上に
梅肉だれをかけて、出来上がり。

● 材料〈作りやすい分量〉

茹でたホウレン草……3〜4株
梅干し……1個
みりん……少々
水……少々
和風だしの素……少々
酢……少々
醤油……少々

シロさんの簡単レシピ

Sweets

スイーツ

バナナパウンドケーキ

バターを耐熱皿に入れ、レンジの「お好み温度」機能を使って30℃で温める。
（指がめり込むくらいにやわらかく）
まだ硬いようであれば、ひっくり返してもう一度温める。
（バターは絶対、どろどろに溶かさないように！）
ボウルにやわらかくなったバターと砂糖を入れて、泡立て器でよく混ぜる。
バターと砂糖が完全に混ざり合って、白っぽくなってきたら、
溶き卵を少しずつ入れ、さらによく混ぜる。

オーブンを180℃に予熱。
別の器に、皮をむいたバナナを入れ、
水分が出ないように、フォークを使ってつぶす。
卵、バター、砂糖の入ったボウルに、つぶしたバナナを入れ、
ゴムべらでさっくりと混ぜ合わせる。
そこに、ホットケーキミックスを入れ、
ゴムべらで、練らずにさっくり切るように混ぜ合わせる。
型２台に、それぞれ２等分になるように生地を入れ、
表面をゴムべらで均一にならしていく。

180℃に熱したオーブンで40分焼く。
20～30分経って、表面が焦げそうであれば、
温度を170℃に下げて焼く。
40分経ったら、竹串などを刺して、焼き上がりを確かめる。
串に生地がくっついてこなければOK。
もし、串に生地がくっついていたら、
160℃に下げて、さらに６～７分焼く。
焼き上がったら、オーブンから出し、粗熱をとる。
ケーキを型から抜き、完全に冷めたら、
乾燥を防ぐために、アルミホイルに包んで出来上がり。

１袋２００g入りのホットケーキミックスに対しては、バター１５０g、砂糖１１０g、卵３個、バナナ４本で作ると、だいたい同じように仕上がります。型も焼き時間もレシピどおり！

シロさんの
One Point

● 材料〈パウンド型２台分〉

ホットケーキミックス……150g（１袋）
完熟バナナ……小３本
卵……MSサイズ２個
バター……100g
砂糖……70g

パウンド型……２台（18×６×６センチを使用）

注）フッ素樹脂加工のパウンド型であれば、そのまま生地を入れてOK。金型ならば、紙を敷くか分量外の溶かしバターを塗って薄力粉をふり、余分な粉を落としておきましょう。紙のパウンド型なら、より簡単です。

原作でふり返る料理エピソード

小日向&航カップルにケンジを引き合わせた夜、シロさんがお近づきの証にと二人に渡したケーキ。賞味期限が迫っていたホットケーキミックスを活用し、バナナとバターをたっぷり使った優しい味わい。シロさんはこの機会に、パウンド型も購入した。（5巻・#38）

シロさんち風シフォンケーキ 生クリーム添え

シフォンケーキを作る。
卵を卵黄と卵白に分け、どちらも大きめのボウルに入れ、
卵白はハンドミキサーで固く角が立つまで泡立てる。
卵黄の入ったボウルに小麦粉と砂糖を入れ
（ハンドミキサーで混ぜるので小麦粉はふるったりせず、
砂糖もグラニュー糖ではなく上白糖でよい）、
サラダ油、水を加えたら、バニラエッセンスと塩を入れる。

オーブンを 180℃に予熱しておく。
卵白を泡立てたハンドミキサーをよくこそげて
そのまま卵黄入りの生地の方を
粉っぽさが完全になくなるまでよくかき混ぜる
（洗い物を減らすための順番）。
卵黄入りの生地を卵白と合わせて、
卵白の泡をつぶさないようさっくり混ぜる。
２つのパウンド型になるべく均等に入れて、
オーブンで30～35分焼く
（パウンド型にクッキングシートは敷かない）。
生地に竹串を刺して何も付いてこなければ焼き上がり。

型に生地が入ったまま金網の上に逆さにのせたら、
上に濡れぶきんをのせて粗熱が取れるまで30～40分冷ます。
粗熱が取れたら、型の四辺にぐるりと包丁を入れていって、
生地と型を離していく。
２～３周包丁を入れ、
表面にくっついた生地のくずをなるべく払い落としておく。

アイシングを作る。
フロストシュガーに冷たい牛乳を入れて練る。
固ければ牛乳をほんの２、３滴ずつ追加していく。
かき回せるくらいの固さになったら
ケーキの上面に塗って、
アイシングが少し固くなれば完成。

生クリームを作る。
砂糖を入れた生クリームを、ハンドミキサーで角が立つまで泡立てる。
ケーキを一人２切れよそい、ホイップした生クリームを添える。

● 材 料〈パウンド型２個分〉

卵……３個
小麦粉……110g
砂糖……110g
サラダ油……50cc
冷水……75cc
バニラエッセンス……少々
塩……少々

（アイシング）
フロストシュガー……100g
牛乳……大さじ1

（生クリーム）
生クリーム（乳脂肪分 35%）……100cc
砂糖……少々

パウンド型……２台（８×10 ×17センチを使用）

原作でふり返る料理エピソード

ある日、シロさんは子どもの頃に食べていた母のシフォンケーキを思い出し、実家で母から作り方を習うことに。一緒に作りながら、母がシロさんの身体のことや家計のやりくりを考えてケーキを手作りしてくれていたことを知るのだった。（11 巻・＃88）

イチゴを添えると、即席ショートケーキに。アイシングのフロストシュガーは70gまで減らしてもおいしく食べられます。

シロさんの
One Point

アールグレイ ミルクティーアイス

● 材料〈作りやすい分量〉

アールグレイのティーバッグ……２個
牛乳……500cc
コンデンスミルク……140cc
（チューブ１本）
※130gのチューブ１本でも可
砂糖……70g

鍋に水少々（ティーバッグがひたるくらい）を入れて沸騰させる。

アールグレイのティーバッグを入れたら火を止め、蓋をする。

３分経ったら牛乳を加え、そこに砂糖とコンデンスミルクを入れて、もう一度火にかける。

（コンデンスミルクはチューブ1本分、まるまる入れる）

材料が全部溶けて混ざったらティーバッグを取り出し、液をバットに流し入れて冷凍庫で冷やす。

途中、何度かフォークでかき混ぜながら、４時間以上冷やしたら出来上がり。

アイスに使う茶葉は、アールグレイが香りが出やすくてオススメですが、他の種類の茶葉でももちろんOK！

シロさんの
One Point

原作でふり返る料理エピソード

小日向と航を家に迎え、クリスマスを祝うことに。ラザニヤなどクリスマス恒例メニューを食べ終わり、口直しにとシロさんが出した軽いデザート。食感はアイスとシャーベットの中間で、最初は見た目をけなしていた航も、「どんぶり一杯食べたい」と言うほど気に入った様子。（7巻・#49）

黒みつミルクかん

● 材料〈2～3人分〉

牛乳……600cc
粉末かんてん……4g
砂糖……大さじ3
黒糖……80g
水……100cc
はちみつ……大さじ2

黒糖を水と一緒に小鍋に入れて、火にかける。
沸いてきたら弱火にして、
黒糖が溶けたところでとろみづけにはちみつを入れる。
少し煮続けたら、火を止めて、
粗熱が取れたところで瓶に入れて、冷蔵庫へ。
これで自家製黒みつの出来上がり。
次に牛乳と粉末かんてんを鍋に入れて、
よく混ぜながら中弱火にかける。
沸騰してきたら弱火にして、焦げつかせないようさらに混ぜながら
2～3分、かんてんをよく煮溶かして、砂糖を加える。
砂糖が溶けたら火を止めて、
あらかじめ水で濡らしたステンレス容器に流し込む。
粗熱が取れたらラップをして、冷蔵庫で冷やす。
器にざっくり盛ったミルクかんてんに、黒みつをたっぷりかける。

ミルクかんの牛乳は、粉末かんてんに表示してある分量より多めの量で作った方が、口当たりがはかなくなるのでおすすめ。

シロさんの
One Point

原作でふり返る料理エピソード

お盆休みの、よく晴れたある日。シロさんは料理、ケンジは洗濯物や掃除と、それぞれ家事をして過ごす。かつては家事に全く協力的でない恋人と同棲していたこともあるシロさん。当時も作っていた黒みつミルクかんをケンジと仲よく食べながら、今の暮らしについて、感慨にふける。（2巻・＃14）

キャラメルりんごのトースト

りんごは皮をむかずに芯を取って、薄いくし形に切っておく。
大きい鍋に砂糖を入れ、中火でキャラメル色になるまで焦がす。
水は不要。
かなりこげ茶色に焦げてくるまで辛抱してからりんごを入れて、
木べらで返しながらりんごの水分で炒め煮にする。
りんごを入れる際、キャラメルがはねるので気をつけて。
弱火にし、時々蓋を開けてりんごを返しながらじっくり火を入れて、
くったりと全体がキャラメル色に煮つまったら火を止める。
タッパーか瓶に入れて冷蔵庫で保存。
食べる時は、トーストにバターを塗って、
レンジで温め直したりんごのキャラメル煮をのっける。
お好みでバニラアイスをのせて、シナモンパウダーをふる。

● 材料〈作りやすい分量〉

りんご……4個
砂糖……150g
トースト……2枚
バター……適量
バニラアイス……適宜
シナモンパウダー……適宜

保存性は落ちるが、りんご4個に対して砂糖は100gぐらいまで減らせる。砂糖は濃い茶色になるまで焦がした方が、キャラメルの風味がよく出ておいしい。

シロさんの
One Point

原作でふり返る料理エピソード

事務所の大先生からりんごを1ダースほどもらったシロさん。たくさんもらったから、生で食べるだけでなく何個かは加工しようと考え、りんごのキャラメル煮を作ることに。翌朝のトーストにのっけてケンジと2人で食べたほか、大先生にもおすそ分け。大先生はりんごのもらい手が見つかり、大助かり。（4巻・＃30）

イチゴジャム

イチゴは洗ってヘタを取り、ボウルに入れる。
まんべんなく砂糖をまぶして
そのまま3時間以上置いておく。
イチゴからじわっと水分が出てきたら、
ホウロウの鍋に移して煮る。
水は入れずに、
木べらで混ぜながら中火で煮ていく。
イチゴから出てくるアクを丁寧にすくう。
果物から色が抜けて白っぽくなるが、
さらに煮つめていくと、
一度抜けた色がもう一度果肉に戻る。
とろりと煮つまったら火を止めて、
そのまま熱いうちに瓶につめて蓋をする。

● 材料〈作りやすい分量〉

イチゴ……2パック

砂糖……180g

※保存したいなら300g。
イチゴの重量の半分が目安。

瓶……直径9センチの広口瓶

※保存する場合は、瓶を煮沸消毒してから使用。

原作でふり返る料理エピソード

イチゴの季節が終わりに近づき安くなると、シロさんが作るのがイチゴジャム。イチゴと砂糖を丁寧にゆっくり煮つめていくだけと手順はシンプルだが、普段の料理に比べて時間がかかったり、アク取りが必要だったりするので、シロさんは余裕のある週末に調理。（1巻・#4）

砂糖の浸透圧で果物
から水分が出るから、
水は入れなくてOK。

シロさんの
One Point

SPECIAL THANKS

原作：よしながふみ『きのう何食べた？』（講談社「モーニング」連載中）
制作協力：テレビ東京／avex pictures
「きのう何食べた？」製作委員会
「きのう何食べた？ 正月スペシャル2020」製作委員会
2021 劇場版「きのう何食べた？」製作委員会

BOOK STAFF

企画・構成／石井美由紀
編集協力／木下千寿
デザイン／門田耕侍

〈料理レシピ〉
監修・コーディネート／山﨑慎也（石森スタジオ）
写　真／奇 世濬（石森スタジオ）

企画協力／モーニング編集部

公式《こうしき》レシピBOOK《ブック》
きのう何《なに》食《た》べた？
～シロさんの簡《かん》単《たん》レシピ～ 合《がっ》本《ぽん》版《ばん》

2024年9月18日　第1刷発行

講談社《こうだんしゃ》・編

発行者　森田浩章
発行所　株式会社講談社
〒112-8001
東京都文京区音羽2-12-21
電話　編集 03-5395-3474
販売 03-5395-3608
業務 03-5395-3603（落丁本・乱丁本はこちらへ）

印刷所　大日本印刷株式会社
製本所　大口製本印刷株式会社

Printed in Japan　ISBN 978-4-06-535538-1　N.D.C.778　125p 26cm